SEIS SIGMA
SIN ESTADÍSTICA

Seis Sigma
sin Estadística

Enfoque en la búsqueda de las mejoras inmediatas

Praveen Gupta, Master Black Belt, Seis Sigma

Arvin Sri, Black Belt, Seis Sigma

ACCELPER CONSULTING
www.accelper.com

Books2go

Shaumburg, IL, USA.

Para comprar múltiples copias de este libro o para recibir un descuento por volumen, favor de contactarnos.; para mayor información:

Accelper Consulting
Tel: (847) 903-4575
E-mail: info@accelper.com
© 2015 Accelper Consulting

Publlicación:	-	Accelper Consulting
	-	eBooks2Go
Editor:	-	Shellie Tate
Traducción al español:	-	Rodrigo Carrillo

ISBN 10: 1-61813-225-3

ISBN 13: 978-1-61813-225-3

Número de Control de la Biblioteca del Congreso:

Los autores quisieran dedicar este libro a padres, abuelos y amigos por el énfasis continuo en la educación y la excelencia en todo.

Agradecimientos especiales para la abuelita de Arvin.

ACERCA DE LOS AUTORES

Praveen Gupta, Presidente de Accelper Consulting, ha estado trabajando en el campo de la mejora del desempeño desde 1980. Trabajó para Motorola en el sector de Semiconductores y Comunicaciones, y para Laboratorios Bell AT&T por nueve años. Fundó Accelper Consulting (antes *Quality Technology Company*) en 1989 para proveer entrenamiento y servicios de consultoría a negocios. Accelper Consulting está enfocado en mejorar el desempeño de los negocios a través de metodologías para la calidad, así como en el desarrollo de nuevas herramientas conforme son requeridas.

Praveen ha estado trabajando con Seis Sigma desde su concepción y últimamente ha ido más allá, tanto en Seis Sigma como en nuevos retos para mejorar el desempeño. Como resultado de su experiencia con más de 100 compañías, ha desarrollado un Mapa para la Ejecución de la Estrategia que consiste en cinco puntos, llamados:

1. *Benchmark*[1] rápido para establecer objetivos
2. *Scorecard*[2] de Negocios Seis Sigma para monitorear el desempeño
3. Seis Sigma para mejorar las utilidades
4. Innovación en los negocios para alcanzar el crecimiento
5. Modelo de las 4-P (*Prepare, Perform, Perfect and Progress* – Preparar, Desempeñar, Perfeccionar y Progresar -) para la excelencia de los procesos

---

[1]TQM se refiere a Total Quality Management (Administración de la Calidad Total)

[2]Scorecard se refiere a un tablero de indicadores

Praveen ha entrenado ejecutivos en Seis Sigma, Diseño para la Producción, Reducción en tiempo de ciclo, Control estadístico de Procesos y Administración de la Mejora Continua, dentro de la Universidad Motorola; también ha asesorado a más de cien corporaciones con el fin de alcanzar un mejor desempeño.

Praveen tiene una Maestría en Ingeniería Eléctrica y Computacional por el Instituto de Tecnología en Illinois, Chicago; es Ingeniero Certificado de Calidad, Ingeniero Certificado para la Calidad de Software e Ingeniero Profesional en Illinois. También es parte del ASQ (*American Society for Quality*) y Master Black Belt en Seis Sigma. Praveen ha publicado diversos libros, entre los más vendidos se encuentran: *Six Sigma Business Scorecard, The Six Sigma Performance Handbook, Business Innovation,* e *Improving Quality in Healthcare.*

Praveen puede ser contactado en Accelper Consulting (847) 903-4575 o por correo electrónico en praveen@accelper.com

Arvin Sri, un consultor Senior en Accelper Consulting, tiene cerca de 20 años de experiencia en la mejora de procesos para negocios y Seis Sigma dentro de diversas industrias. Arvin ha apoyado a clientes de Accelper entrenando Green Belts en Seis Sigma y guiando exitosamente sus proyectos. Su enfoque de procesos permite a los clientes alcanzar beneficios de corto plazo. Él también apoya a sus clientes en la implantación de sistemas para la administración en toda la compañía con el fin de mantener las mejoras en los procesos.

Antes de participar con Accelper Consulting, Arvin trabajó para ICI y Siemens. Lideró equipos en mejora de procesos y proyectos para ahorros económicos dentro de áreas como ventas, planeación, compras, administración de inventarios, distribución y manejo de proveedores.

Arvin es co-autor del *Six Sigma Performance Handbook* y *Six Sigma for Transactions and Service*, ambos publicados por McGraw-Hill. Arvin trabaja con Praveen en diferentes proyectos de investigación.

Las áreas de interés de Arvin incluyen la administración de relaciones con clientes, trabajo en equipo, liderazgo de proyectos, comunicación, pensamiento de procesos, pensamiento estadístico y mejora de procesos. Arvin tiene una Licenciatura en Ingeniería de Software por el Instituto de Tecnología de la India, es Maestro en Ciencias de Ingeniería Industrial por el Instituto Nacional de Entrenamiento e Ingeniería Industrial de Mumbay, India y tiene una Maestría en Administración de Negocios por la Universidad Benedictina, Illinois.

ÍNDICE

PRÓLOGO

Cuando la gente escucha el término Seis Sigma, lo perciben como una serie de fórmulas y estadística complicada. Una vez que comprenden que Seis Sigma realmente tiene dos componentes – un término estadístico que significa un nivel de 3.4 defectos por millón, y más importante, una metodología para mejorar procesos – reconocen su verdadero valor. Es este último componente el enfoque de la mayoría de los programas en Seis Sigma.

Como Vicepresidente de Calidad en Motorola, al momento en que Seis Sigma se diseminó rápidamente por toda la corporación, fui testigo de mejoras radicales en el desempeño de las operaciones. Reconozco que las mejoras más significativas fueron el resultado de utilizar herramientas y mediciones sencillas, además de seguir la filosofía de mejora continua- ya sea en manufactura, mercadotecnia, ventas o en la capacidad de los recursos humanos. Aprendimos rápidamente que la clave para una implantación exitosa de cualquier programa Seis Sigma, era una serie de habilidades fundamentales en todos los niveles de la organización.

A pesar de las múltiples herramientas que Seis Sigma ofrece, las que generan mejoras más grandes son las "no estadísticas". A menudo tengo la oportunidad de conocer gente de diferentes industrias – manufactura, finanzas, beneficencia, y otras; involucrada en programas de Seis Sigma. Cuando pregunto por las herramientas que más utilizan, ellos citan herramientas "no estadísticas" como los Mapas de Procesos, el Pareto y los Análisis Causa –Raíz.

En este libro, los autores han sido muy exitosos para explicar las bases de Seis Sigma, las habilidades necesarias y la forma para implantar un programa Seis Sigma con éxito; proveen al lector con una serie de herramientas fundamentales, "no estadísticas", que pueden aplicarse en cada fase del *DMAIC³* para la solución de problemas. Los autores enfatizan la importancia de la innovación y demuestran una forma de utilizar la innovación para implantar proyectos Seis Sigma dentro de un competido ambiente global de negocios en el que vivimos.

Tal vez el título de este libro tiene dos significados: "Sin estadística" se refiere al aspecto no estadístico de Seis Sigma, pero también a la forma más sutil de aprender Seis Sigma literalmente "sin estadística".

Gayle Landuyt

Director del Centro de Desarrollo Administrativo

Universidad DePaul

Chicago, Illinois

Diciembre 20, 2006

---

³DMAIC hace referencia a las etapas de la metodología por sus siglas en inglés: *Define* –Definir-, *Measure* –Medir-, *Analyze* –Analizar-, *Improve* –Mejorar-, *Control* – Controlar-.

RECONOCIMIENTOS

Queremos reconocer a nuestros clientes, colegas, amigos y estudiantes por su apoyo continuo en el reto de implantar Seis Sigma, así como por la demanda de soluciones prácticas.

Queremos expresar nuestra gratitud hacia nuestras familias (Nidhi, Anubhav, Archana, Krishna y Avanti), por su apoyo en nuestra aventura de escribir y terminar este libro con un gran sentido de urgencia alrededor de la temporada navideña. Este apoyo fue mucho pedir para la temporada de vacaciones.

Finalmente, queremos reconocer la ayuda inmediata de Don Pongetti, Shellie Tate y Roy Francia en todo el proceso de publicación; también queremos reconocer a las siguientes organizaciones o publicaciones por su apoyo en el trabajo previo de los autores:

McGraw Hill

Quality Digest

Circuits Assembly

Revista PC FAB

UP Media Group

QSU Publishing Company

Scanlon Leadership Network

Por último, queremos agradecerte a ti, el lector, por apoyar el enfoque práctico para la implementación de Seis Sigma.

Praveen Gupta

Arvin Sri

PREFACIO

Con la madurez de la metodología Seis Sigma, las compañías esperan implantar su programa de forma eficiente y sin complejidades esotéricas. Seis Sigma fue desarrollado como un medio para acelerar las mejoras – no como un fin por sí mismo. Por lo tanto, Seis Sigma se debe convertir en una metodología sencilla de comprender y utilizar para maximizar sus beneficios; de otra forma, permanecerá el paradigma sobre "el programa de este año", alguien lo llamará de otra forma, impondrá a sus propios proveedores y se mantendrá el desperdicio perpetuo de los recursos en la compañía.

Reconocemos, como consultores, que compartimos de forma honesta y hemos pasado al siguiente nivel, en términos de darle una posición adecuada a la estadística, dentro del éxito de Seis Sigma. Comprendemos la insatisfacción de los lectores con los aspectos estadísticos de Seis Sigma y por lo tanto, lo hemos simplificado. No hemos eliminado la estadística por completo, pero estamos cerca de "virtualmente eliminar" el aspecto estadístico en Seis Sigma. Primero denotamos las herramientas no estadísticas, que son más valiosas que las mismas herramientas estadísticas y posteriormente, simplificamos las herramientas estadísticas. Al hacer esto, la gente puede enfocarse en la aplicación mientras practica el pensamiento estadístico.

La aplicación cruda de cualquier herramienta sin un pensamiento correcto, así como las fallas al tratar de comprenderla, lleva a la frustración y por lo tanto la falta de resultados. A través de la simplificación de la estadística y las herramientas de selección, esperamos que los lectores tengan mayor tiempo para pensar y aplicar creativamente la metodología y sus herramientas y por lo tanto, maximicen los beneficios de Seis Sigma.

PENSAMIENTO SEIS SIGMA...

El propósito de un negocio no es hacer dinero;
en cambio, es proveer valor al cliente.

Si se realiza un buen trabajo en proveer valor,
el negocio genera dinero.

Hacerlo "bien" significa alcanzar la excelencia,
esto, no significa "cero" defectos.

Excelencia tiene que ver con alcanzar la perfección,
lo que no significa mantenerse en límites arbitrarios.

Perfección significa mantenerse dentro de objetivo, y excelencia
implica reducir las inconsistencias alrededor del objetivo.

El objetivo está definido por el cliente,
los límites son guiados por el aspecto económico.

Debemos producir dentro de objetivos y entregar dentro
de los límites

Los clientes quieren un mínimo de inconsistencias alrededor
del objetivo;
Seis Sigma está diseñado para reducir las inconsistencias.

Seis Sigma es un enfoque para alcanzar la excelencia rápidamente
comprendiendo las relaciones causa – efecto.

- Praveen Gupta

CAPÍTULO UNO

INTRODUCCIÓN

Recuerdo mis primeros días de Seis Sigma, cuando mi jefe decía: "Tres Sigma no es suficiente", yo pensaba que él sabía mucho sobre estadística; él conocía el lenguaje, y por supuesto, yo nunca lo había visto usar alguna de esas herramientas estadísticas de las que tanto hablaba. Desde el lanzamiento de Seis Sigma en 1987, miles de corporaciones lo han implantado; actualmente Seis Sigma se ha hecho popular después de la exitosa implantación en GE, donde Jack Welch se volvió el principal portavoz de Seis Sigma, incrementando su perfil hacia el nivel ejecutivo e incluso a nivel de Wall Street.

Como resultado del éxito de GE, el tren de Seis Sigma inició su recorrido y muchas compañías, consultores, estadistas y aspirantes se sumaron a la iniciativa. Seis Sigma se ha redefinido y estandarizado; la estandarización de una metodología rutinaria (en lo que se ha convertido Seis Sigma) se ha comprendido, perdiendo sin embargo, algunos aspectos clave, y sobre-enfatizando la estadística, lo que ha limitado sus beneficios.

El problema de Seis Sigma inicia con la definición misma de Seis Sigma. De acuerdo a la definición de Seis Sigma mostrada en *iSixSigma.com* (un portal de discusión para los profesionales de Seis Sigma), "Seis Sigma es un enfoque metodológico, disciplinado y orientado a datos, para eliminar defectos (buscando lograr seis desviaciones estándar entre la media y el límite de especificación más cercano) dentro de cualquier proceso – desde manufactura hasta transaccional - y desde productos hasta servicios".

Una definición más simple se puede encontrar en los primeros documentos de Motorola, donde se utilizó Seis Sigma por primera vez:

> "Seis Sigma es nuestro Objetivo a Cinco Años, esto nos permitirá acercarnos al Estándar de Cero Defectos, y ser de clase mundial en TODO lo que hacemos".

Podemos adaptar la definición original de Motorola de la siguiente forma:

Seis Sigma es un enfoque para "virtualmente" alcanzar la perfección, y ser de clase mundial en todo lo que hacemos, de forma más rápida.

Para desarrollar o entregar una solución virtualmente sin errores, ésta debe estar diseñada con ciertas características claves, de tal forma que la variación del proceso se mantenga alrededor de la mitad de la tolerancia especificada, y por lo tanto, el promedio del proceso se mantenga cerca del objetivo; en otras palabras, debemos encontrar una forma para establecer la capacidad del proceso de tal forma que la comparación del desempeño esperado contra el actual sea igual o mayor a dos. Entonces el desempeño en Seis Sigma implica lo siguiente:

(Tolerancia diseñada / Rango del Proceso) ≥ 2

La definición estadística se enfoca en tácticas y herramientas, mientras que la definición original se enfoca en la intención y la metodología de Seis Sigma. La intención es alcanzar una mejora significativa rápidamente, utilizando la metodología DMAIC con sentido común (en vez de estadística). Aún dentro de la metodología, la mejora significativa se alcanza a través de la aplicación rigurosa de las herramientas identificadas en la etapa Definir; incluso la fase Definir no se utiliza estadística, sin esta etapa, el resto de la metodología se convierte en un ejercicio sin utilidad.

Uno de los principales retos dentro de los programas corporativos de mejora, es mantener las ganancias. Hoy en día, se requiere mantener el estado de mejora más allá de mantener el estatus quo; para mantener estas mejoras, las herramientas de control estadístico de procesos por sí mismas, no son suficientes. En vez de esto, se deben aplicar herramientas para administrar el desempeño del proceso, tales como el modelo de las 4- P el cual consiste en Preparar, Desempeñar, Perfeccionar y

Progresar; además de esto, es necesario tener revisiones activas con la administración, donde los líderes de la compañía demanden la mejora continua de forma agresiva y aseguren la sinergia entre los diferentes departamentos y su gente, a través de esquemas de compensación, sistemas de premios por mejoras significativas, y el aseguramiento de la comunicación continua hacia los empleados.

Incluso las herramientas que se utilizan más comúnmente en las fases de Medir, Analizar y Mejorar, resultan ser no-estadísticas; aún más, las herramientas que son puramente estadísticas, rara vez son necesarias y no pueden ser aplicadas efectivamente sin antes utilizar las herramientas no estadísticas.

Hoy la gente cuestiona la metodología Seis Sigma por asuntos triviales, como el cambio potencial de 1.5 sigma, su parecido a otras herramientas y métodos ya conocidos e incluso su nombre; con esto se están olvidando de los aspectos claves en Seis Sigma y se enfocan en lo trivial; en vez de comprender el enfoque, la metodología, las herramientas y mediciones como en conjunto, están tomando piezas con limitaciones en su aplicación y están desperdiciando tiempo al discutir sobre ellas. Debemos hacernos la siguiente pregunta: ¿Podemos utilizar alguna herramienta de Seis Sigma para convertirnos en los mejores dentro de lo que hacemos?. En vez de buscar las fallas, debemos obseervar los beneficios de la metodología, sabiendo de antemano que la mayoría de las herramientas ya existían antes de Seis Sigma.

La principal diferencia entre las metodologías / herramientas ya conocidas y Seis Sigma, es que Seis Sigma requiere un enfoque para generar resultados de corto plazo, donde lograr el resultado es más importante que aplicar una herramienta en específico.

En una presentación del creador de la metodología, Bill Smith, titulada *La Historia de Motorola*, el término Seis Sigma se utiliza escasamente; en vez de esto, Smith enfatiza los objetivos de Motorola de la siguiente forma:

- Mejorar 10 veces para 1989 (iniciando en 1987)
- Mejorar 100 veces para 1991
- Lograr el nivel de capacidad Seis Sigma para 1992

El nivel de capacidad Seis Sigma fue un objetivo para lograr la perfección virtual a través de mejorar rápidamente (reducción de los defectos y el desperdicio en un 90 % cada dos años). Seis Sigma no se trata de estadística, se trata de mejora. El éxito de Motorola con Seis Sigma fue logrado por el liderazgo innovador de Bob Galvin, y la planeación estratégica e innovación de productos por parte de George Fisher. Seis Sigma fue un gran apoyo para las iniciativas estratégicas de Motorola, al enfocarse en la ejecución perfecta.

Seis Sigma no puede remediar los errores estratégicos; sin embargo, puede ayudar a las compañías a cambiar de un desempeño marginal hacia un desempeño superior, acelerando la mejora. En un artículo del *Business Week* (Noviembre 1989) titulado *El Rival que Japón Respeta*, se resaltan tres secretos sobre las fortalezas de Motorola: Investigación y Desarrollo, Calidad integral y un Servicio celoso. De acuerdo a George Fisher, CEO de Motorola, la compañía redujo su tasa de defectos de 3000 PPM[4] a 200 PPM en cinco años.

En el artículo publicado en el Harvard Business Review sobre la *"Universidad Motorola: Cuando el Entrenamiento se convierte en Educación"* (Agosto, 1990), William Wiggenhorn, Presidente de la Universidad Motorola comenta:

> Las matemáticas de la calidad son complicadas, sin embargo, en Motorola hemos tratado de enseñar al menos una versión básica de esto a cada empleado, para extender el concepto y terminología de la calidad industrial a cada rincón del negocio – entrenamiento, relaciones públicas, finanzas, seguridad, incluso en el comedor.

Para una compañía comprometida con Seis Sigma, lo que importa es la institucionalización de los conceptos y beneficios, más allá de la estadística y el costo de entrenamiento. De forma interesante, un análisis del material utilizado para la certificación como *Black Belt* por el ASQ (Sociedad Americana para la Calidad), muestra que el 80 % de las herramientas utilizadas no son estadísticas, mientras que sólo el 20 % usa estadística; sin embargo, 80 % del debate tiene que ver con el 20 % de las herramientas estadísticas. Por lo tanto, debemos utilizar herramientas sencillas, aquellas que suelen ser no-estadísticas, y con esto obtener el 80 % de los beneficios potenciales de un programa como Seis Sigma.

---

[4]PPM = Partes Por Millón

Uno de los retos más comunes que enfrentan las corporaciones, es ¿cómo incorporar Seis Sigma tanto en las operaciones de manufactura como en las transacciones de la organización? Aún cuando Seis Sigma ha sido utilizado por muchas organizaciones de servicios, a menudo se percibe como una metodología orientada hacia la manufactura.

Todos los negocios tienen procesos en común tal como ventas, compras, calidad, administración, ingeniería, diseño y operaciones; en cualquier negocio, cada proceso requiere gente, material, información, máquinas o herramientas y métodos o procedimientos. Al examinar cada proceso a través de sus actividades, la diferencia suele ser pequeña, el rol de algún componente suele variar. En la industria de servicios, por ejemplo, la gente juega un papel más importante, mientras que los sistemas son el componente tecnológico más importante. Si los examinamos bajo este punto de vista, no existen dos procesos iguales.

Por lo tanto, debemos reconocer las diferencias, seguir una metodología común y generar resultados que impacten al producto o servicio; entonces, la metodología Seis Sigma se puede aplicar en cualquier industrias; sin embargo, debe ser utilizada de forma creativa y productiva en vez de repetitivo e improductivo. El enfoque debe ser hacia los objetivos de desempeño así como el retorno de la inversión.

Interesantemente, uno de los folletos publicados por Motorola después de ganar el primer *Malcolm Baldrige Award* incluye la siguiente cita:

> Mientras que la compañía exprese este objetivo (calidad) en el lenguaje de estadística... el objetivo final es cero defectos en todo lo que hacemos... La estrategia es reenfocar todos los elementos del negocio de Motorola hacia servir al cliente.

Esta declaración apoya la idea de que debemos tomar las decisiones correctas con base en hechos y conocimiento del negocio; algunas veces, los hechos no están disponibles, pero esta situación no significa que buscaremos los hechos por siempre posponiendo las decisiones. En cambio, un equipo multi-disciplinario debe ser capaz de tomar una decisión con base en el conocimiento común. Los datos se convierten en hechos, los hechos en información, la información en conocimiento y el conocimiento se convierte en inteligencia que se utiliza para tomar decisiones.

No debemos convertirnos en esclavos de los tan nombrados "hechos" como algunos enseñan bajo el nombre de Seis Sigma; en cambio, debemos ser conscientes de ellos y permitir que los datos hablen por sí mismos. Si los datos no están presentes, debemos observar, escuchar y utilizar la inteligencia para tomar decisiones. Se debe evitar la parálisis de análisis que se genera al tratar de reunir demasiados datos.

Después de trabajar con el creador, instruir a miles de personas, y practicar por más de 20 años, hemos llegado a la conclusión de que Seis Sigma se debe utilizar como una metodología para acelerar las mejoras, en vez de un ejercicio trivial de estadística. Los empleados deben convertirse en tomadores de decisión contando con mayor información, comprometidos con la excelencia de la forma más efectiva y contribuyendo con las utilidades del negocio. Seis Sigma debe contribuir con la las utilidades, de no hacerlo, las herramientas estadísticas no ayudan; por otra parte, muchas de las herramientas *no estadísticas* pueden apoyar el incremento de las utilidades y esa es la búsqueda final de Seis Sigma.

CAPÍTULO DOS

ANTECEDENTES DE SEIS SIGMA

El descubrimiento de Seis Sigma

A mediados de los ochentas, los líderes de Motorola se visualizaron en 15 años y reconocieron que la supervivencia sería imposible sin un cambio significativo en su forma de hacer negocios. Diferentes estudios de mercado mostraban que la capacidad de manufactura requería ser tan buena como aquella de los relojes digitales; al examinar los niveles de calidad en términos de partes por millón (PPMs), y utilizando su conocimiento sobre diferentes métodos estadísticos, Bill Smith inventó el concepto de Seis Sigma. Mientras hay quien puede argumentar la existencia previa de la estadística y algunas herramientas, Seis Sigma como iniciativa de calidad fue desarrollada por Bill Smith.

Una de las observaciones fundamentales que Smith estableció, es que las fallas de campo son fallas internas que se escaparon a la operación. Incluso en estos días, casi todas las compañías miden la satisfacción de sus clientes y la calidad de productos o servicios en términos de partes por millón, lo que normalmente muestra un número pequeño; el reto es que los clientes exigen que estas partes por millón defectuosas sean cada vez más pequeñas. Las Corporaciones generan equipos de trabajo buscando satisfacer esta exigencia de sus clientes. Smith descubrió que los PPMs recibidos por el cliente no podrían ser reducidos a menos que hubiera una reducción significativa en el número de defectos observados internamente; por lo tanto, medir la tasa interna de defectos es crítico, y entonces, reducir dramáticamente esta tasa es mucho más importante.

De acuerdo al estudio de Smith, por cada defecto identificado por un cliente, habrá 10 defectos identificados internamente; con el fin de eliminar los defectos identificados por el cliente, la organización debe entonces eliminar los 10 defectos que se observaron al interior, mejorando la consistencia de los procesos así como el diseño de sus productos.

Retorno de la Inversión

Inicialmente, las organizaciones entrenan un gran número de Black Belts y Green Belts, lo cual genera la necesidad de crear una gran cantidad de proyectos para el programa de Seis Sigma; incluso en una conferencia sobre este tema, el número de proyectos reportados por una compañía superó los 15,000. Esta situación lleva a que la administración, monitoreo y los ahorros generados por Seis Sigma sean complicados de seguir, incluso es necesaria la implantación de un sistema para administrar esta necesidad, lo cual puede generar burocracia.

El reto es asegurar el funcionamiento de los proyectos y principalmente demostrar que éstos generan mejoras; sin embargo, debido al mayor enfoque en la administración misma del proyecto, se pierde el seguimiento al verdadero desempeño del proyecto. Dado el gran número de proyectos, el desempeño de los mismos de vuelve invisible y como consecuencia se inicia un proceso de manipulación donde los números son inflados y modificados; por lo que se vuelve complicado el ejercicio de relacionar los ahorros de la organización con los proyectos Seis Sigma.

Con la evolución actual de Seis Sigma, se han identificado este tipo de situaciones; las corporaciones empiezan a utilizar sistemas de verificación y balances para asegurar la credibilidad de los ahorros en costos generados por su programa de Seis Sigma buscando que los mismos estén ligados a las utilidades de la corporación.

Eventualmente se debe establecer un retorno de la inversión que sea significativo para cualquier programa Seis Sigma.

Algunos factores que las corporaciones deben trabajar al capturar los ahorros generados, son:

- Costo de oportunidad o evitar costos futuros
- Ahorros programados
- Adversarios inesperados que borran los ahorros
- Inversión en Seis Sigma
- División de ganancias
- Prácticas de contabilidad
- Reportes financieros

Para lanzar un programa de Seis Sigma es necesario realizar un mapeo sobre el flujo de las utilidades y así se pueden identificar fugas o diversificación de utilidades; este tipo de análisis es un buen punto de arranque para obtener el compromiso de los líderes así como para establecer las expectativas de ahorros y reconocer el impacto de los sistemas de medición sobre la operación. Seis Sigma se debe convertir en la forma de pensar y trabajar, sin ser un gasto para los sistemas actuales.

Dentro de una implantación de Seis Sigma para una compañía pequeña, se identificaron y establecieron algunas oportunidades; la compañía identificó un sistema de medición a nivel corporativo utilizando el marco de trabajo del *Six Sigma Business Scorecard* y posteriormente condujo su programa Seis Sigma por medio del monitoreo del Nivel Sigma corporativo. Como muchas compañías, no se comprometieron grandes cantidades de dinero para el entrenamiento y en vez de esto, se comprometieron los recursos necesarios para obtener los ahorros planeados. El liderazgo de la compañía ahora opina que Seis Sigma mejoró sus ingresos de un tres a un cinco por ciento en ventas.

Este porcentaje representa una mejora tangible y realmente significativa para el negocio.

Justificación para Seis Sigma

Antes de enfocarse en los ahorros, una compañía debe establecer las mediciones correctas para verificar el progreso de su programa corporativo – en otras palabras, el Nivel Sigma; este nivel sigma señala tanto las fortalezas como las debilidades de una programa; si el nivel Sigma de toda la compañía está mejorando, los resultados de la operación seguramente están siendo afectados de forma positiva.

Con sistemas de medición y administración en procesos adecuados, las actividades para dar seguimiento al progreso y a los ahorros se vuelven un producto natural en la implantación de Seis Sigma; Seis Sigma genera mejoras significativas al hacer las cosas de una forma diferente. Si algunas de las mejoras significativas se implantan rápidamente, los ahorros pueden ser visibles en el sistema contable existente, lo que es mucho más barato que la implantación de un nuevo sistema de métrica. Si se necesita gastar una cantidad importante de dinero con el fin de saber cuánto dinero hemos ahorrado, entonces se ha perdido el sentido de Seis Sigma.

Muchos ejecutivos se cuestionan si su compañía debe comprometerse con Seis Sigma o no. Para determinar los beneficios potenciales de Seis Sigma, los líderes de la empresa deben comprender el desglose de costos de sus operaciones; el costo de proveer un servicio o un producto debe ser considerado bajo estudios de mercado sobre la industria; el costo por mala calidad en términos de fallas internas y externas, así como el costo de inspección, pruebas, verificaciones debe ser definido. El costo por calidad deberá ser evaluado respecto a la utilidad de la compañía en vez de hacerlo respecto a las ventas. A menos quelos hechos sobre el desempeño de la empresa sean conocidos, todas las iniciativas parecerán cuestionables.

Al contestar las siguientes preguntas, los líderes de la compañía pueden comprometerse con el lanzamiento de su programa en Seis Sigma:

- ¿Qué puede hacer Seis Sigma por mi compañía, tanto a mediano como a largo plazo?
- ¿Cuánto va a costar?

La siguiente tabla muestra un análisis sencillo sobre la implantación de Seis Sigma.

Número de empleados	100	1000
Ventas anuales (millones dlls)	10	100
Costo externo por implantar Seis Sigma (millones)	0.25	1.0
Costo por mala calidad al 20 % (millones)	2	20
Cantidad mínima de proyectos a implantar para punto de equilibrio	3	8
Cantidad mínima de proyectos a identificar para obtener un 100 % de retorno en la inversión	6	16
Número de Black Belts	1	5
Tiempo para retorno de la inversión después del lanzamiento	1.5 años	1 año

Tabla 2.1: Análisis sobre la implantación de Seis Sigma

Para este análisis, se hacen supuestos sobre el tamaño promedio de los proyectos, el número de empleados entrenados como Green Belts y Black Belts, así como el costo de la mala calidad en una compañía.

Por supuesto, es de esperarse que exista variación entre diferentes compañías, por lo tanto, se debe conducir un análisis específico sobre la viabilidad de un programa Seis Sigma para cada organización.

Una vez que la implantación de Seis Sigma se ha vuelto una estrategia económicamente viable, la administración debe hacer que esta implantación tenga alta prioridad para la organización; cualquier iniciativa, proyecto estratégico o conflicto de prioridad que compita con esto debe identificarse claramente. Además de la parte económica, a continuación se presentan una serie de factores críticos para el éxito del programa:

➢ Compromiso apasionado por Seis Sigma
➢ Utilizar un lenguaje común a través de toda la organización
➢ Objetivos de mejora agresivos que obliguen a la organización a una re-ingeniería continua de procesos
➢ Innovación, más que la estadística, como la clave para alcanzar mejoras radicales
➢ Pensamiento y conocimiento sobre los procesos para tomar decisiones con base en hechos
➢ Indicadores adecuados para diagnosticar los siguientes pasos y así alcanzar las mejoras identificadas
➢ La mejora como una forma de vida; la compañía debe planear la mejora de la calidad todos los días
➢ Compromiso de los empleados para hacer de Seis sigma una experiencia gratificante
➢ Comunicación para mantener la continuidad y el interés en el programa de Seis Sigma

El factor más crítico para lograr el éxito es el involucramiento personal de la cabeza de la organización quien puede inspirar a los empleados para hacer su mejor esfuerzo. Los empleados se motivan cuando sienten que están involucrados en alcanzar un objetivo mayor que solamente realizar sus actividades diarias.

Más allá de la moda

Seis Sigma es una medida sobre que tan buenos son los productos y servicios, un nivel Sigma más alto significa mayor calidad de un producto o servicio y un nivel más bajo significa mala. El programa original de Seis Sigma incluye liderazgo, la metodología de Seis Pasos y una serie de mediciones relacionadas; los Seis Pasos mencionados son los siguientes:

1. Definir los productos o servicios
2. Identificar a los clientes y sus necesidades críticas
3. Identificar sus necesidades y recursos propios
4. Mapear los procesos
5. Remover las actividades que no agregan valor y utilizar métodos a prueba de errores
6. Medir el nivel Sigma y continuar mejorando el proceso si el nivel Sigma es menor a 6

Más allá del escepticismo y los retos de implantar Seis Sigma, hasta hoy muchas compañías grandes y pequeñas se han beneficiado de Seis Sigma. Los aspectos claves de una implantación exitosa son: la definición de objetivos agresivos, la representación gráfica del desempeño contra metas, un sistema de medición estándar y un liderazgo inspirador.

Pensar que únicamente invirtiendo dinero en Seis Sigma es un error pues terminará como desperdicio; si se implanta correctamente, las organizaciones pueden ver un crecimiento en ventas con mayores márgenes de ganancia. La reputación percibida, reconocimiento de marca, satisfacción del cliente y de los empleados son algunos de los premios en una implantación exitosa.

Problemas con Seis Sigma

Después de revisar la implantación de Seis Sigma en diferentes compañías, hemos encontrado que uno de los problemas más recurrentes es el uso de la estadística; la mayoría de los empleados no quieren ser estadistas sobresalientes, incluso no quieren utilizar un pensamiento estadístico, tomar decisiones con base en hechos o utilizar herramientas de estadística básica. Cuando los empleados ven herramientas más complicadas, tienden a ponerse nerviosos y esta ansiedad lleva hacia la resistencia sobre Seis Sigma.

Un enfoque hacia los indicadores y las herramientas trivializa el valor, la intención y en general la metodología Seis Sigma; como resultado, muchos programas son percibidos como acciones no pensadas o iniciativas sin un propósito de fondo. Algunas organizaciones tratan de implantar Seis Sigma, entrenar a la fuerza de trabajo y aún así no son capaces de ver el impacto en su operación; a continuación se muestran algunos de los principales problemas con algunos programas de Seis Sigma:

1. No genera ahorros
2. Aplicación rigurosa de la metodología
3. Muchos proyectos triviales
4. Demasiado entrenamiento
5. Consultoría sobre Seis Sigma con precios altos
6. Demasiados libros de estadística que se han convertido en libros de Seis Sigma y demasiados consultores al respecto
7. Mucho debate entre Seis Sigma y TQM[5]
8. Tratar a Seis Sigma como el programa del año – otra forma transitoria de mejorar los resultados –
9. Implantación local sin un compromiso corporativo
10. Mala interpretación del verdadero fondo de Seis Sigma
11. Promover la Verificación como fue aprendida en el ciclo PDCA[6] para lograr Seis Sigma
12. Analizar procesos sin objetivos de desempeño predefinidos

Los mayores cambios (positivos) que se pueden esperar de una implantación exitosa de Seis Sigma incluyen:

A. Enfoque en el fondo y la metodología DMAIC, más allá de herramientas e indicadores
B. Comprender que excelencia significa perfección y perfección significa estar dentro de los objetivos
C. Diseñar procesos y productos con objetivos muy claros

---

[5]TQM se refiere a Total Quality Management (Administración de la Calidad Total)

[6]PDCA se refiere al ciclo Plan (Planear), Do (Hacer), Check (Verificar), Act (Actuar) de la metodología TQM, también conocido como el ciclo Deming.

CAPÍTULO TRES

COMPRENDIENDO SEIS SIGMA

Para algunos, Seis Sigma es una metodología con base en hechos y herramientas estadísticas complicadas para resolver todos los problemas, hay quienes confunden Seis Sigma y el karate por las cintas (Black Belt – Green Belt), para otros Seis Sigma significa DMAIC – Definir, Medir, Analizar, Mejorar (*Improve*) y Controlar.

Seis Sigma fue desarrollado para convertirse en una metodología de clase mundial para alcanzar la perfección virtualmente en todo; fue una metodología simple implantada rigurosamente y liderada apasionadamente; ha generado resultados y ahorrado millones de dólares para muchas compañías en todo el mundo. Un programa de Seis Sigma efectivo significa que primeramente el fondo ha sido comprendido antes de entender la metodología y sus herramientas.

El pensamiento estadístico es importante para una implantación adecuada de Seis Sigma, pero esto es diferente a utilizar estadística de forma rigurosa. El pensamiento estadístico significa comprender la naturaleza de la variación, las relaciones causa-efecto y realizar ajustes donde es necesario.

Uno de los aspectos más sutiles de un viaje exitoso a través de Seis Sigma es perderle el miedo, Deming enfatizó que al perder el miedo las personas muestran lo mejor de sí mismas. Los empleados se animan a tomar riesgos, aprender de sus errores y obtener resultados más allá de lo imaginado. Seis Sigma se ha utilizado para alcanzar el liderazgo en el mercado y lograr las más altas utilidades de la industria; un enfoque en el crecimiento continuo de los ingresos y la reducción de los costos aliviaría los temores al fracaso y a la pérdida del trabajo para los empleados. Seis Sigma significa mayor capacidad de crecimiento, la creación de un ambiente positivo y eliminar el miedo.

Por lo tanto, se puede definir a Seis Sigma como el objetivo para lograr la excelencia y los objetivos de negocio; se puede concebir como una estrategia para mejorar inmediatamente las utilidades corporativas al reducir los desperdicios, lograr un crecimiento sustentable de los ingresos y crear una cultura de continuamente alcanzar un desempeño de clase mundial a través de la reingeniería de procesos.

Se puede pensar que Seis Sigma contiene los siguientes elementos:

1. Intención

La intención de Seis Sigma es lograr mejoras radicales de forma rápida, para ser de clase mundial virtualmente en todo; si una organización quiere maximizar el retorno en la inversión de Seis Sigma, debe institucionalizar la expectativa de mejoras radicales de forma rápida. Esta expectativa significa que todos en la organización tendrán objetivos de mejora agresivos. La experiencia sugiere que las personas tienen un potencial ilimitado y pueden lograr lo que se espera de ellos, los empleados determinarán lo que necesitan para alcanzar estas mejoras radicales y pedirán ayuda cuando se requiera, siempre que sepan que la ayuda está disponible.

En una compañía, su Presidente dijo: "Tenemos un buen sistema, logramos nuestros objetivos, tenemos un consultor que nos guía para lograr nuestros objetivos y se asegura que cumplamos nuestros objetivos". Posteriormente, comentó que debido a la presión para lograr los objetivos, las personas establecieron expectativas bajas y por lo tanto los resultados obtenidos fueron marginales. La utilidad de esta compañía fue alrededor del 3 %; esta utilidad era tan pequeña que un gran problema podría borrarla junto con todo el año de esfuerzo y convertirse en un desperdicio total.

Durante una discusión y después de obtener altos ingresos, así como un incremento en sus beneficios personales, el Presidente accedió a establecer expectativas altas; una de las condiciones para duplicar los ingresos, fue duplicar los bonos para los empleados, como resultado, la utilidad neta fue mucho mayor incluso después de repartir los ahorros a sus empleados, esto hizo sentido en el Presidente y después de cinco minutos anunció que los bonos de los empleados se duplicarían de nuevo, esta acción hizo que la pelota comenzara a girar. Después de tres meses, la compañía duplicó sus ingresos (de esos tres meses);

actualmente, el bono de los empleados se ha cuadruplicado debido a que los ingresos y el nivel del bono se duplicaron. El Presidente también incrementó sus ingresos y se dio cuenta que las puertas de las utilidades se abrieron repentinamente.

En otra instancia, dentro de la planta en una gran corporación, el equipo de liderazgo estableció una expectativa muy baja respecto a una fábrica recién construida; esta expectativa significaba un rendimiento del 5 % lo cual era considerado adecuado debido a la complejidad de las operaciones. Cuando el objetivo del rendimiento es 5 %, se puede esperar una variación promedio del 5 %, por lo tanto el rendimiento algunas veces puede ser cero y otras veces puede ser 8 %. Cuando el rendimiento era del 8 %, el equipo de liderazgo tomaba el crédito y organizaba un buen festejo, pero cuando el rendimiento era del 2 %, el resultado se atribuía a la curva de aprendizaje. La corporación no podía aceptar un desempeño entre el 2 y el 8 % pues la recuperación por la construcción de la planta parecía imposible.

La corporación cambió al equipo de líderes en la planta, el equipo completo fue despedido, no hubo tolerancia para un desempeño pobre – punto. El nuevo equipo de líderes fue implantado, ellos establecieron un objetivo de rendimiento del 50 % para los siguientes seis meses. La planta alcanzó el objetivo (900% de mejora). Los empleados obtuvieron grandes bonos, con lo que compraron su casa, auto nuevo o aprovecharon para las vacaciones que siempre habían soñado.

Ambas compañías lograron mejoras radicales en muy poco tiempo; éste es precisamente el enfoque de Seis Sigma. Después de enfrentarse a proyectos sin fin, perder el tiempo resolviendo problemas mal definidos, mala planeación en la ejecución de proyectos y que la documentación para revisar los resultados anuales no existe; la necesidad de Seis Sigma se hace vuelve más evidente.

Antes de Seis Sigma, las organizaciones trataron de implantar TQM (*Total Quality Management*) que prometía resultados en 3 años, los empleados trabajaban alrededor de un año con TQM, los documentos se llenaban de polvo por los siguientes dos y finalmente las compañías se quedaron esperando los resultados (aunque por supuesto, existen excepciones a esta tendencia).

Por esto es que Seis Sigma fue desarrollado bajo el enfoque de acelerar las mejoras; esta aceleración significa crear un sentido de urgencia en lograr los resultados en un corto plazo; debido a este enfoque, los proyectos son definidos y mapeados de tal forma que puedan ser finalizados en seis meses, y aún más, estos proyectos deben contribuir directamente a las utilidades. Dependiendo del tamaño y los gastos de la compañía, los ahorros de cada proyecto pueden variar entre los $50,000 y $250,000 dólares.

El equipo de liderazgo tiene la responsabilidad de establecer y comunicar el enfoque de Seis Sigma, el cual es lograr mejoras radicales de forma rápida; mejoras radicales se refiere a cambios que permitan generar ahorros y sean tan agresivos como para demandar creatividad por parte de los empleados para rediseñar la forma en que trabajan todos los días. Mientras que una compañía alcance (o un proyecto demuestre) mejoras dramáticas o radicales de forma rápida, sin importar las herramientas utilizadas para lograr la mejora, el enfoque de Seis Sigma estará siendo bien utilizado.

2. La metodología Seis Sigma

Cuando se implantó Seis Sigma durante los ochentas en Motorola, trabajamos en el enfoque y utilizábamos todo tipo de herramientas que nos fueron enseñadas en los entrenamientos de calidad; nos orientábamos a seis sencillos pasos entre los que destacan: conocer al cliente, sus necesidades críticas y nuestras propias necesidades antes de medir el desempeño; posteriormente el éxito obtenido nos llevó a la necesidad de estructurar y estandarizar Seis Sigma bajo una serie de herramientas definidas.

Primero se creó MAIC y posteriormente evolucionó hacia el DMAIC, donde la D se refiere a Definir, la M a Medir, la A es Analizar, I es Mejorar (Improve) y C Controlar. La experiencia nos mostró que la D es una fase esencial para lograr mejoras radicales rápidamente, y C es la etapa más crítica para alcanzar el retorno sobre la inversión en los proyectos Seis Sigma. La fase Definir requiere la implantación de muchas herramientas y la fase Control ayuda en mantener las mejoras obtenidas, lo que requiere una serie de controles así como involucrar a los administradores.

El éxito de la metodología DMAIC depende del buen trabajo que se haga en los proyectos adecuados; un buen proyecto es aquel que entrega un retorno sobre la inversión. Algunas veces las personas se

involucran en un entrenamiento de Green Belt sin tener un proyecto o suele suceder que la organización se compromete con un programa de Seis Sigma pero no permite a sus integrantes participar correctamente en los proyectos por falta de tiempo. Arrancar un proyecto es fácil, lo difícil es terminar y cerrar el proyecto.

Por lo tanto, la primer prioridad es identificar los proyectos a trabajar, aquellos que tendrán un verdadero impacto financiero y generarán ahorros para el negocio; se deben evaluar muchos proyectos potenciales con base en el costo y el beneficio. Se puede utilizar una forma sencilla de medir, como el Índice de Priorización de Proyectos (IPP) que puede generarse de acuerdo a la siguiente ecuación:

$$IPP = (\text{Beneficios/Costo}) \times (\text{Probabilidad de éxito/Tiempo}$$
$$\text{para completar el proyecto en años})$$

Como mínimo, un proyecto debe ser mayor a 2 para asegurar un retorno sobre la inversión; inicialmente se pueden encontrar muchos proyectos con un IPP mayor a 4, lo que hace más fácil encontrar la generación de ahorros.

Una vez que se ha seleccionado un proyecto, se crea un equipo con representantes de las diferentes áreas o funciones para trabajar en él; el equipo recibe entrenamiento de Seis Sigma a nivel Green Belt mientras trabaja directamente con su proyecto. Durante la etapa de Definir, el equipo desarrolla una clara definición del proyecto, el alcance, los mapas de proceso, requerimientos del cliente, un SIPOC[7] y el plan de trabajo; en otras palabras, en la fase Definir, se delinean los requerimientos del cliente y se establece un punto de partida para el proyecto.

En la fase Medir, se establecen las fuentes de información, el punto de partida para el desempeño y la oportunidad de mejora para definir el costo por mala calidad. El punto de partida para el desempeño se establece en términos del rendimiento "al primer pase" (sin re-trabajos), Defectos por Unidad (DPU), Defectos por Millón de Oportunidades (DPMO), Nivel Sigma y estadísticas básicas como son la media, el rango o la desviación estándar.

En la fase Analizar, el enfoque es identificar y examinar patrones, tendencias y correlaciones entra las entradas y salidas del proceso.

---

[7]SIPOC se refiere a Supplier (proveedor), Input (entrada), Process (proceso), Output (salida) y Customer (cliente)

Se utilizan equipos multidisciplinarios para desarrollar un diagrama causa – raíz a través de un Ishikawa, donde el propósito es identificar la causa – raíz del problema y las acciones necesarias para corregir y así capitalizar la oportunidad. Al final de esta etapa, el equipo es capaz de establecer una relación de la forma:

$$Y_{salida} = f(x_{entradas}).$$

Mientras se analiza la información, es necesario identificar si existe variación excesiva o inconsistencias relacionadas con el proceso o si hay estacionalidades. Si las inconsistencias están relacionadas con el proceso, se requiere hacer un análisis detallado sobre la capacidad y quizá sea necesario rediseñar el proceso; si las inconsistencias son excepcionales, el proceso requiere ajustes.

En esta etapa también se utiliza el AMEF (Análisis de Modos, Efectos y Fallas) con el fin de anticipar problemas o riesgos potenciales, así como para desarrollar acciones para reducir estos riesgos o posibles fallas.

Las primeras tres fases de la metodología DMAIC ayudan a obtener una mejor comprensión del proceso y aprender sobre las relaciones causa – efecto entre las variables de entrada y las de salida.

La fase Mejorar (*I - Improve*) permite desarrollar soluciones alternativas para alcanzar el desempeño deseado como resultado del proceso.

En un ambiente no Seis Sigma, usualmente saltamos a resolver el problema sin antes definir y entender el proceso. Sin un conocimiento a profundidad de los procesos, resolver un problema se convierte en un juego de azar.

También se utilizan técnicas de experimentación para afinar la relación entre las variables y optimizar la "receta" del proceso, sin embargo, estos experimentos pueden no ser efectivos cuando en las fases previas no se han utilizado herramientas estadísticas de forma correcta.

La fase de Control se utiliza para mantener las mejoras a través del manejo efectivo de la documentación, entrenamiento, administración del proceso y técnicas para el control de procesos; en la etapa de Control, se debe mantener un indicador del proceso y el desempeño del negocio, además se requiere verificar continuamente el nivel Sigma. La fase de Control también es una oportunidad para comprometer a los altos directivos para apoyar y establecer metas agresivas en el desarrollo de Seis Sigma.

Una de las herramientas utilizadas en la etapa de Control es el modelo de las 4P, que es una versión mejorada del ya conocido PDCA. Aquí las 4P se refieren a Preparar, Desarrollar (*Perform*), Perfeccionar y Progresar. Dos diferencias principales entre el modelo PDCA y las 4P son la preparación comprensiva y el establecimiento de un objetivo de desempeño (en vez de sólo contar o Verificar para diagnosticar el desempeño). Seis Sigma implica excelencia y la excelencia sólo se puede alcanzar si el objetivo es conocido.

3. Herramientas de Seis Sigma

La metodología Seis Sigma incorpora una gran cantidad de herramientas; algunas de ellas son: el modelo de Kano para capturar los requerimientos críticos del cliente, el SIPOC, uso de software estadístico para análisis, análisis multivariado para identificar una familia de variación o inconsistencias predominantes, experimentación planeada, y el modelo de las 4P para mantener las ganancias.

La siguiente tabla resume algunas herramientas sencillas pero poderosas que se utilizan en la metodología DMAIC:

Fase	Herramientas
Definir	Pareto, Mapas de Procesos, Análisis de Kano, SIPOC, CTQ, Carta de Proyecto
Medir	Costo de Calidad, DPMO, Nivel Sigma, Promedio, Rango, Desviación Estándar
Analizar	Análisis causa-raíz, AMEF, Gráfica de dispersión, Correlación visual
Mejorar	Experimentos comparativos y fraccionales
Controlar	Pensamiento de procesos (modelo 4P), Revisión, Gráficas de Control, Tablero de desempeño

Tabla 3.1: Herramientas clave de DMAIC

Mientras se utilizan las diferentes herramientas, el dogma de la estadística desmotiva a los practicantes; en la mayoría de los casos dentro de la industria de manufactura (así como en servicios y desarrollo de software), no se requiere utilizar tanta estadística, incluso hemos extraído las estadísticas más comunes y las presentamos aquí de tal forma que con el uso de algunas pruebas comunes se puedan evaluar las mejoras del proceso (a través de la media o variación por ejemplo).

4. Mediciones

Las mediciones que se utilizan comúnmente son los DPU (Defectos Por Unidad), DPMO (Defectos Por Millón de Oportunidades) y el nivel Sigma. Los DPU son una unidad de medición para el resultado del proceso, los DPMO son un sistema de medición interno del proceso y el nivel Sigma es una medición a nivel negocio. El nivel Sigma establece un idioma común para la organización y requiere una gran cantidad de mejoras así como demostrar un cambio positivo.

El cliente está interesado en los DPU, el ingeniero de proceso debe conocer los DPMO y el negocio requiere saber el Nivel Sigma. Todas estas mediciones se pueden utilizar para comunicar las expectativas de desempeño y el progreso a través de la organización.

El sistema que debería ser utilizado de forma común por las organizaciones son los DPU; los DPU se convierten a DPMO con base en la complejidad del producto o proceso y el DPMO se convierte a Nivel Sigma al establecer un sistema de medición del desempeño que sea común para todas las áreas o funciones de la organización.

Comprensión Ejecutiva de Seis Sigma

El factor más crítico para que un desarrollo corporativo de Seis Sigma sea exitoso es el compromiso y la pasión de los líderes; sin embargo, este compromiso y pasión deben venir acompañados de un entendimiento correcto del enfoque de Seis Sigma y con un apoyo efectivo de los líderes hacia las iniciativas. Para crear un compromiso y pasión, los líderes deben aprender ciertas herramientas y habilidades, mismas que se visualizan en la tabla 3.2.

La tabla 3.2 incorpora 10 herramientas que deben ser familiares para que los líderes participen activamente en un programa Seis Sigma. Con la ayuda de estas herramientas ejecutivas, los líderes pueden llevar su iniciativa Seis Sigma hacia la dirección correcta y obtener resultados en las utilidades; pero sin esto, la implantación de Seis Sigma está destinada al fracaso.

Herramienta / Concepto	Cuando (Aplicación)
Reconocimiento a los empleados	Para inspirar mejoras radicales y la innovación en los empleados
Pensamiento de procesos	Ayuda a comprender los procesos de negocio y la forma para liderarlos hacia la mejora
Tablero de desempeño Seis Sigma	Aprender a lograr las mejoras en el desempeño y las utilidades
Revisiones Gerenciales	Retroalimentación mensual al equipo ejecutivo para los ajustes necesarios que permitan lograr las utilidades deseadas
Pensamiento estadístico	Permite determinar el nivel de ajuste o el tipo de acciones a tomar
Introducción a Seis Sigma	Toma de decisiones, especialmente al comprometerse con Seis Sigma
Principio de Pareto	Para decidir sobre prioridades a atacar
Mapeo de Procesos	Identifica desconexiones en el negocio y oportunidades de mejora
Análisis de causa - efecto	Permite identificar las causas raíz de un problema y acciones para remediarlas
Tasa de mejora	Alcanza mejoras drásticas al reducir desperdicios y lograr utilidades

Tabla 3.2: Herramientas de Seis Sigma para Ejecutivos

Pensamiento Seis Sigma

Cuando una organización hace el compromiso de implantar Seis Sigma, una de las preguntas más frecuentes es sobre su efecto en la cultura corporativa; la gente habla sobre el cambio cultural, la resistencia al cambio, toma de decisiones y la institucionalización de Seis Sigma. La tabla 3.3 muestra el tamaño de transformación, a nivel pensamiento, que se requiere hacer para que Seis Sigma se convierta en una forma de trabajo para lograr la excelencia y finalmente clientes satisfechos.

Pensamiento convencional Vs. Seis Sigma

Aspecto	Pensamiento Convencional	Pensamiento Seis Sigma
Administración	Costo por calidad	Calidad y Tiempo
Manufactura	Prueba y error	Diseño robusto
Investigación de variables	Un factor a la vez	Diseño de experimentos
Ajuste de procesos	A "pellizcos"	Controles estadísticos
Resolución de problemas	Basado en expertos	Basado en el proceso
Enfoque	Producto	Proceso
Comportamiento	Reactivo	Proactivo
Selección de Proveedores	Costo y tiempo	Capacidad del proceso
Toma de decisiones	Intuición	Con base en hechos
Diseño	Creación	Reproducibilidad
Definición de metas	Percepción realista	Retadoras
Gente	Causa del problema	Activo valioso y solución
Mejora	Automatización	Optimización

Ref. Harry y Schroeder, 2000

Seis Sigma es una metodología y estrategia, para alcanzar un desempeño superior y convertirse en referencia para todo.

CAPÍTULO CUATRO

HERRAMIENTAS DE SEIS SIGMA SIN ESTADÍSTICA

La metodología DMAIC es un aspecto muy importante de Seis Sigma, una organización puede obtener importantes beneficios al institucionalizar el enfoque DMAIC para la resolución de problemas, de esta forma eliminará los problemas recurrentes. Con el sólo hecho de seguir las fases DMAIC, se lograrán mejoras, debido a que el problema será claramente definido y es muy probable que se identifique la causa raíz.

Seis Sigma se trata de practicar el enfoque DMAIC para generar mejoras significativas utilizando cualquiera de las herramientas disponibles.

Las herramientas estadísticas son poderosas y pueden ayudar a resolver problemas crónicos, pero el conocimiento de procesos es superior a esto. La experiencia nos enseña que la mayoría de las herramientas utilizadas para resolver problemas, son simples y sencillas de aprender; aún cuando se necesite estadística, la gente se queda atascada en la técnica en vez de aprender el beneficio de la aplicación.

Cada herramienta tiene su propósito y su método; primero hay que comprender el enfoque de cada una, luego encontrar una forma sencilla de utilizarla y no quedarse estancado en la estadística. Si el problema es muy complejo y crítico, entonces vale la pena buscar a un experto en estadística para que se integre al equipo de resolución en vez de intentar entrenar a cualquier persona para convertirse en experto de Estadística, en la mayoría de los casos, lo que más ayuda para resolver un problema, es el pensamiento estadístico y la aplicación simple de las herramientas estadísticas

En este capítulo, se muestran las herramientas clave (como se pueden observar en la tabla 4.1) para cada etapa del DMAIC en una forma simplificada. Estas herramientas son muy útiles, sencillas y virtualmente no incluyen a la estadística.

En los casos donde es importante incluir estadística, hemos tomado el enfoque de utilizar el *concepto* para tomar la decisión correcta.

La mejora de procesos se puede obtener ya sea modificando el desempeño promedio o reduciendo las inconsistencias, cuando se modifica el promedio del proceso, se realizan ajustes al proceso. En caso de que se requiera reducir la variación o las inconsistencias, se desarrolla un estudio sobre la capacidad del proceso. En otras palabras, mejorar la media del proceso es de "cierta forma" más sencillo que reducir la variación. El aspecto más importante en la resolución de problemas, es ser consciente tanto del promedio como de la varianza (cuadrado de la desviación estándar) para el proceso.

A. Definir – Herramientas

1. Índice de Prioridad en Proyectos (IPP) – Trabajar en el proyecto correcto es crítico en un desarrollo con recursos limitados; el IPP ayuda a priorizar múltiples proyectos con base en los ahorros estimados (A) al resolver el problema, el costo inicial y recurrente para resolver el problema (C), el tiempo (T) para finalizar un proyecto y que la solución esté lista para la implantación y la probabilidad (P) de resolver exitosamente el problema. El IPP se calcula de la siguiente forma:

$$IPP = (Ahorros/Costo) \times (P/T)$$

Dado que existen múltiples oportunidades, este tipo de análisis muestran que el proyecto de Utilización de la Máquina puede esperar, mientras que las oportunidades de Reducción de Defecto y Reducción de Inventario son las que se recomienda desarrollar. Se espera que los proyectos Seis Sigma contribuyan con la generación de utilidades para la empresa a corto plazo por medio de una clara definición en el alcance, de tal forma que se minimicen los riesgos y el tiempo de implantación sea vea reducido a máximo seis meses. Por supuesto, la razón de costo – beneficio debe valer la pena para comprometer a los valiosos y limitados recursos.

Etapa	Herramienta	Breve Descripción
D	Índice de Prioridad en Proyectos	PPI = (Beneficio/Costo) X (probabilidad de éxito / tiempo para completarlo en años) Tiempo < ó = 0.5 **Ahorros/Costo estimado > ó = 2.0** **PPI recomendado > = 4.0**
D	Pareto	Herramienta gráfica para priorizar los diferentes defectos e identificar el más importante
D	Mapas de Procesos	Descripción gráfica de las actividades y puntos de decisión
D	Análisis de Kano	Herramienta gráfica para identificar los requerimientos críticos del cliente, incluyendo requerimientos "no esperados"
D	SIPOC	Excelente forma de capturar la mayoría de los procesos a nivel general
D	CTQ	Características de la operación que son críticas para la calidad, relacionadas con las expectativas del cliente
D	Carta de Proyecto	Plan de proyecto con los objetivos e hitos claramente definidos
M	Costo de Calidad	Desglose del costo de un producto o servicio relacionado con la evaluación, fallas y prevención.
M	DPU (Defectos Por Unidad)	Medición de producto relacionada con el número de defectos observados en una unidad verificada
M	Rendimiento	El porcentaje de salidas del proceso sin errores o defectos
M	DPMO	Medición del proceso, DPU's normalizados de acuerdo a la complejidad del producto o proceso
M	Nivel Sigma	Medición del negocio, estimado a partir del DPMO, usada comúnmente para comparaciones de mercado
M	Promedio	Desempeño típico
M	Rango	Rango del desempeño (máximo - mínimo)
M	Desviación estándar	Rango de desempeño más preciso; "sin estadística" estimado = rango/6
M	Pensamiento estadístico	Habilidad para distinguir las causas asignables sobre las aleatorias en la variación

Etapa	Herramienta	Breve Descripción
A	Análisis de Causa - Raíz	Diagrama de espina de pescado que consiste en las 4 M (Material, Máquina, Método y Mano de obra)
A	AMEF	Análisis de Modos, Efectos y Fallas para anticipar los problemas
A	Gráfico de dispersión	Representación gráfica de las relaciones entre las variables de salida (dependientes) y las de entrada (independientes)
A	Análisis de Regresión Visual	Estimación sobre las relaciones entre las variables de entrada y las de salida
I	Identificación de componentes	Para encontrar una parte defectuosa en un ensamble, se intercambia la parte cuestionable entre unidades "buenas" y "malas"
I	Pruebas comparativas, Mejorando las medias	Evaluación de qué tan significativo es el cambio en las medias de los procesos
I	Pruebas comparativas, Mejorando la Varianza	Razón de varianzas entre la actual y la reducida
I	Experimento factorial completo	Evaluar las diferentes combinaciones en múltiples variables para definir el mejor desempeño. Las combinaciones totales = nivel de influencia en las variables (LV, V.gr. $2^3 = 8$)
C	Pensamiento de Procesos (Modelo de 4P)	Una construcción lógica sobre la administración de procesos para alcanzar la excelencia. 4P = > Preparar 4M's, Buen desempeño, Perfección sobre el objetivo, Progreso al reducir las inconsistencias
C	Revisiones gerenciales	Una reunión de revisión para asegurar que el desempeño buscado se está logrando y para identificar las acciones necesarias para mantener las ganancias obtenidas
C	Gráficas de control	Herramienta gráfica para mantener el comportamiento normal (sin problemas conocidos) del proceso
C	Tablero de desempeño	Medida de desempeño del negocio para identificar nuevas oportunidades

Tabla 4.1: Matriz de aplicación para las herramientas sin estadística

La tabla 4.2 muestra un ejemplo de proyectos a priorizar:

Proyecto	Ahorros Potenciales ($)	Costo para implantar ($)	Probabilidad de éxito	Tiempo de implantación (Años)	IPP
Reducción de defecto	$4,000,000	$500,000	0.8	0.5	12.8
Reducción de inventario	$1,000,000	$100,000	0.75	1	7.5
Utilización de maquinaria	$200,000	$150,000	0.4	0.75	0.71

Tabla 4.2: Proyectos a priorizar

Con base en los recursos disponibles, el equipo de liderazgo decide iniciar el proyecto para reducir los defectos o la reducción de inventarios o incluso ambos.

Los principales proyectos de Seis Sigma deben ser aprobados y autorizados por los representantes del equipo de líderes, asegurando su éxito.

2. Principio de Pareto – Vilfredo Pareto fue un economista italiano quien observó que el 80 por ciento del ingreso en Italia era percibido por el 20 por ciento de la población. Este principio fue generalizado por Joseph Juran, el gurú de la calidad, y aplica para la mayoría de las situaciones en la vida, por ejemplo:

➢ 20 % de los clientes generan el 80 % de los ingresos

➢ 80 % de las quejas por clientes surgen del 20 % de los productos

➢ 80 % de las muertes se generan por un 20 % de enfermedades

La relación del 80:20 es una representación simbólica del principio de Pareto. En realidad suele ser un 75:25 u 85:15, pero el enfoque suele ser el mismo. El principio de Pareto implica el concepto de "las pocas vitales y las muchas triviales", o que las cosas no tienen el mismo nivel de misma importancia.

El principio de Pareto es una herramienta gráfica que muestra los datos categorizados en orden descendente con base en la frecuencia de ocurrencia. Un gráfico de Pareto muestra la barra más alta a la izquierda, lo que permite observar la oportunidad más significativa.

El principio de Pareto es una herramienta de gran uso al tomar decisiones entre la importancia y la conveniencia. La naturaleza humana nos lleva a trabajar en los temas convenientes en vez de los importantes; al utilizar el principio de Pareto, podemos buscar la oportunidad más importante para trabajar en ella y generar un gran retorno en la inversión.

La siguiente tabla representa las quejas de los clientes en la operación de un centro telefónico:

Quejas de clientes	Frecuencia / Año
Tiempo de espera	178
Entrega de producto incorrecto	16
Factura incorrecta	39
Demora el procesar el crédito	112
Producto dañado	12
Demora en la garantía del producto	98
Agente de servicio con mala actitud	9
Llamada colgada	27

La figura 4.1 muestra la gráfica de Pareto con una línea acumulada sobre los datos presentados arriba. Es muy sencillo observar que los siguientes tres temas son la principal fuente de quejas (79.2 %):

1. Tiempo de espera excesivo
2. Crédito no procesado a tiempo
3. Garantía de producto fuera de tiempo

La tendencia normal es tomar en cuenta la mala actitud del agente de servicio o crear una fuerza de trabajo para atacar los problemas con el producto; sin embargo, el análisis de Pareto permite enfocar los recursos limitados con mayor prioridad para trabajar en el tiempo de espera y las demoras para procesar los créditos.

A un nivel personal, cuando tenemos miles de cosas que realizar y no podemos decidir en cuál trabajar, se puede aplicar el principio de Pareto para decidir trabajar en la actividad más importante y así lograr más.

Pareto sobre Quejas de Clientes

	Tiempo de espera	Demora el procesar el crédito	Demora el la garantía del producto	Factura incorrecta	Other
Count	178	112	98	39	64
Percent	36.3	22.8	20.0	7.9	13.0
Cum %	36.3	59.1	79.0	87.0	100.0

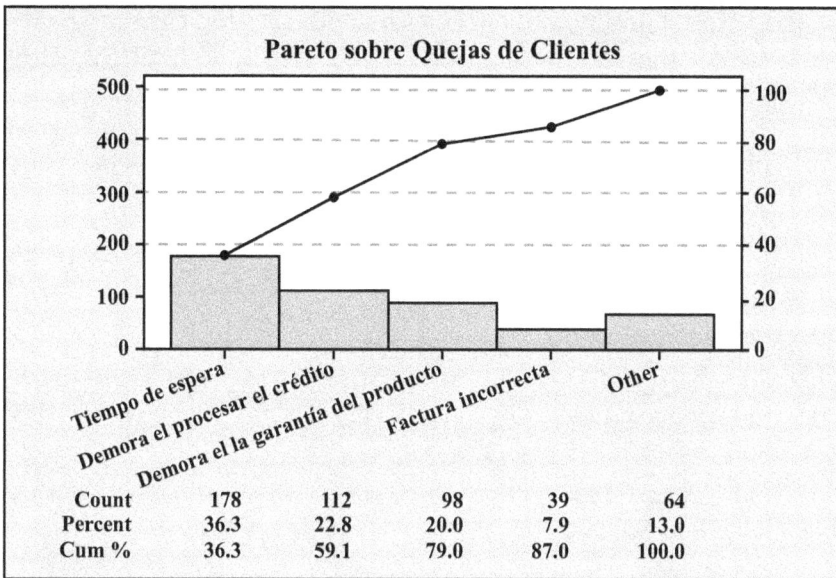

Figura 4.1: Análisis de Pareto respecto a las Quejas de Clientes
(Ref. Software Minitab)

3. Mapeo de Procesos – Un proceso es una serie de actividades que transforman ciertas entradas en salidas, cualquier negocio es una colección de procesos y el mapeo de procesos permite identificar procesos así como controles de consistencia y desempeño. Un proceso requiere materiales / información, un método / enfoque, máquinas / herramientas y gente / habilidades para lograr el desempeño deseado. Sin un mapa de proceso establecido o el procedimiento correspondiente, es difícil asegurar la repetitividad del proceso, así como el nivel de dependencia en su salida dado que depende en gran medida de la gente; dejando esto con una alta probabilidad de tener inconsistencias.

En la fase Definir, se establece un mapa de proceso como el arranque de la mejora, el análisis de esta herramienta, permite identificar actividades del proceso desconectadas o ineficientes. Un mapa de procesos también permite establecer un entendimiento común, asegurando así la reproducibilidad; en algunas ocasiones la representación visual de un mapa crea el ímpetu para una serie de ideas de mejora.

Al construir un mapa de procesos, existe una serie de símbolos estándar que son utilizados para generar consistencia y facilidad de implantación. Los símbolos pueden variar de acuerdo a cada compañía. La figura 4.2 muestra los símbolos estándar que se utilizan para crear el mapa.

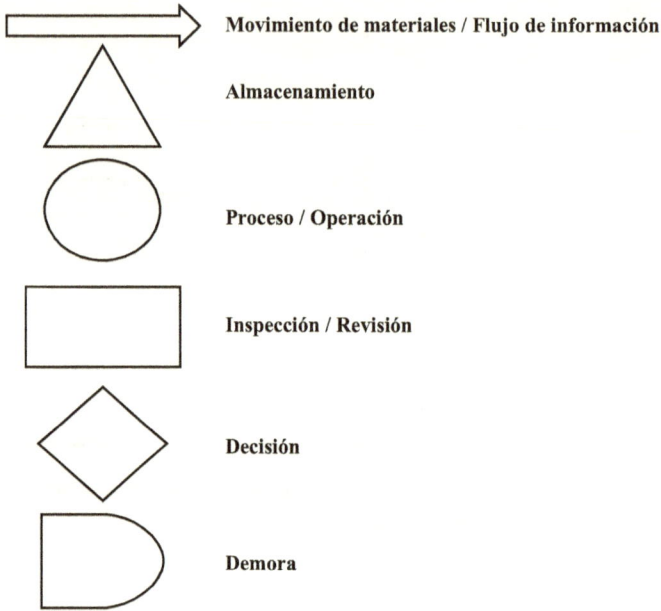

Movimiento de materiales / Flujo de información

Almacenamiento

Proceso / Operación

Inspección / Revisión

Decisión

Demora

Para construir un mapa de proceso, se requiere listar las actividades, la secuencia, identificar los puntos de revisión y después dibujar el mapa usando la simbología estándar de la compañía. El siguiente ejemplo muestra las actividades y un mapa de proceso para comprar comida en un restaurante rápido. Los pasos del proceso son:

1. Manejar el auto hacia la línea de pedidos
2. Esperar el turno
3. Verificar el menú y decidir lo que se va a ordenar
4. Ordenar la comida
5. Esperar el turno
6. Pagar en la caja
7. Recoger la comida
8. Verificar el contenido
9. Si la orden está correcta, salir
10. Si la orden es incorrecta, pedir la correcta y salir

La figura 4.3 muestra el mapa de proceso desarrollado para el proceso de recoger la comida:

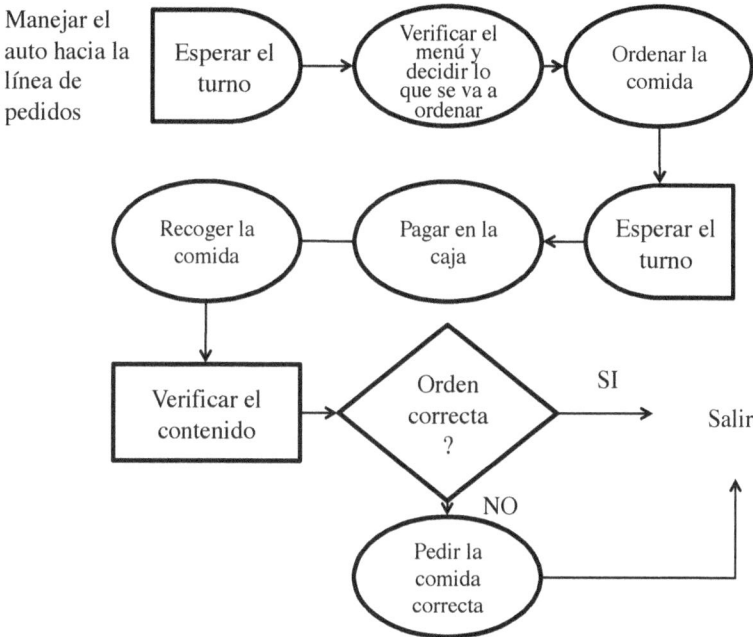

Figura 4.3: Mapa de Procesos

4. Análisis de Kano – Noritaki Kano desarrolló un modelo para comprender los requerimientos del cliente en las tres categorías siguientes:

Requerimientos básicos / asumidos: son los requerimientos que los clientes asumen como presentes en el producto o servicio; por ejemplo, cuando nos quedamos en un hotel, asumimos que hay toallas en el baño y existe una cama en la habitación.

Requerimientos específicos: éstos son los requerimientos que el cliente ha determinado, por ejemplo: en el mismo hotel, el cliente solicita conexión a Internet, un centro de negocios para imprimir sus documentos o un restaurante para consumir alimentos.

Deseos no especificados: este tipo de requerimientos son los que el cliente identifica en el momento de interactuar con el producto o servicio – lo que les "encanta" tener por conveniencia y/o confort y que no se esperaba; por ejemplo: cuando los clientes se registran en el hotel y encuentran galletas de bienvenida, una bebida o chocolates en su habitación; de esta forma son sorprendidos gratamente. Este tipo de requerimientos pueden hacer que su estancia en el hotel sea memorable.

Los requerimientos antes mencionados se muestran en la Figura 4.4 y se explican a continuación:

a. Cumplir con los requerimientos básicos no mejora la satisfacción del cliente, pero la ausencia de estos requerimientos puede llevar a clientes muy molestos.

b. Cumplir con los requerimientos específicos satisface directamente al cliente pero no genera lealtad. Este tipo de productos o servicios suelen ser sensibles al precio.

c. Entregar los deseos no especificados; esto son los servicios o características que emocionan al cliente hasta el punto que está dispuesto a pagar un monto incremental por ellos y comentarle a la gente a su alrededor sobre éstas características, generando así nuevos clientes potenciales; además genera lealtad para una relación continua de negocios.

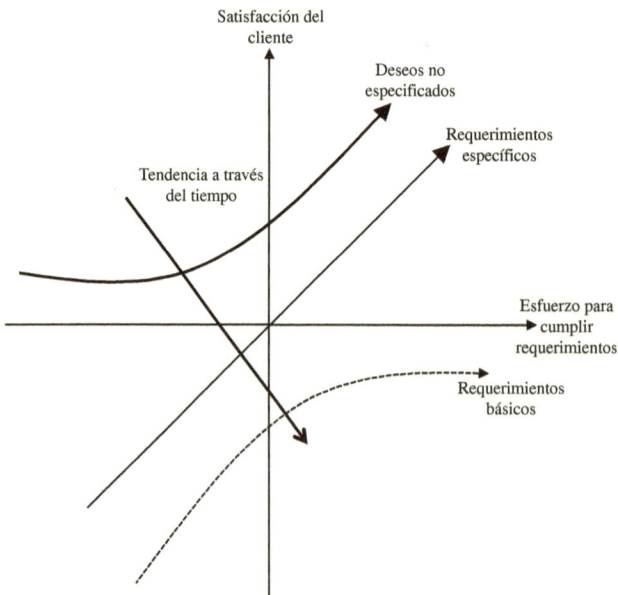

Figura 4.4: Modelo de Kano

A través del tiempo, los "deseos no específicos" entregados, se vuelven requerimientos básicos, por lo tanto, los líderes en la industria tienden a introducir características o servicios con "deseos no específicos" más que el resto de las compañías. Para generar estas características o servicios los proveedores necesitan poner mucha atención a lo que sus clientes dicen sobre sus productos o servicios y la experiencia total con los mismos, ser creativos y desarrollar estos "deseos no específicos" de una forma financieramente eficiente.

> Por ejemplo, en cierto momento los portavasos o bolsas de aire en los autos eran características increíbles, sin embargo, al día de hoy se asume que los vehículos contienen estas características.

5. SIPOC – El nombre SIPOC proviene del acrónimo *Supplier* (Proveedor), *Input* (Entrada), *Process* (Proceso), *Output* (Salida) y *Customer* (Cliente). SIPOC permite identificar restricciones y jugadores que pueden contribuir al éxito o fracaso del proceso así como problemas potenciales asociados al mismo. Al crear un SIPOC, se deben atacar los siguientes puntos:

➢ ¿Cuáles son los pasos necesarios en el proceso para generar una salida deseada (Proceso)?

➢ ¿Cuáles son las principales salidas del proceso (Salidas)?

➢ ¿Quién recibe las salidas de este proceso (Cliente)?

➢ ¿Qué entradas son necesarias para desarrollar las actividades del proceso (Entradas)?

➢ ¿Qué o quién es la fuente para las entradas del proceso (Proveedor)?

La tabla 4.3 muestra el SIPOC de un par de procesos relacionados con la seguridad. Uno de los aspectos críticos de crear un SIPOC es la columna de las Entradas, la cual debe tocar las 4 M's: material o información, maquinaria o herramientas, método o procedimiento y mano de obra o habilidades de la gente.

El SIPOC anterior muestra todas las situaciones involucradas con las actividades de Seguridad, asegurando el conocimiento correcto del proceso y una habilidad mejorada para investigar el proceso y así remediar los diferentes problemas asociados con el mismo.

Proveedor (5)	Entrada (4)	Proceso (1)	Salida (2)	Cliente (3)
Departamento de Seguridad Proveedores EPP Departamento de Seguridad Producción	Entrenamiento de Seguridad Equipo de Protección Personal (EPP) Procedimiento / instrucciones de trabajo para Seguridad Entrenadores	Empleado llega a trabajar	Seguridad de los empleados Limpieza correcta	Empleado
Publicaciones del Departamento de Seguridad Lugar específico	Leyes Contactos de Emergencia Reportes documentados Kit de Primeros Auxilios Guías de Primeros Auxilios	Manejo de incidentes inseguros	Reporte de violación a la Seguridad Acción para remediar	Administración del Comité de Seguridad de los Empleados

Tabla 4.3: Ejemplos de SIPOC en proceso de seguridad

6. Crítico para la Calidad (CTQ[8]) – Ayuda a identificar lo que para el cliente es un paso crítico, antes de determinar sus requerimientos; el objetivo es comprender:

- ➢ Deseos
- ➢ Demandas
- ➢ Necesidades

Una vez que se conocen los requerimientos del cliente (requerimientos específicos y deseos no especificados), éstos se pueden transformar en requerimientos Críticos para la Calidad (llamados CTQ's).

El desarrollo de un CTQ inicia con el requerimiento general del cliente sobre el producto o el desempeño del proveedor, que a su vez se convierte en características de desempeño operativo (llamadas CTQ's). La figura 4.5 muestra el desarrollo de un CTQ.

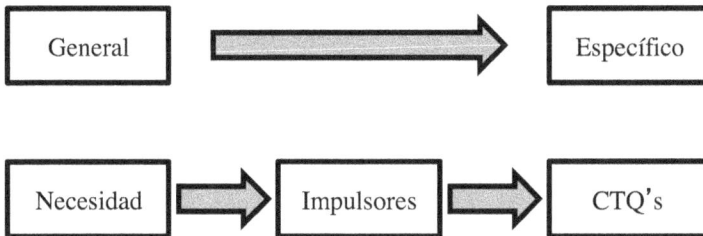

Figura 4.5: Desarrollo del CTQ

Por ejemplo: al ordenar su platillo en el restaurante, los impulsores para ordenar el platillo incluyen el tiempo de entrega (Vg. 10–15 minutos), el precio (Vg. razonable y económico) y el sabor (Vg. suficientemente bueno para comer). La Figura 4.6 muestra este ejemplo gráficamente.

El restaurante considera las necesidades del cliente, prepara su receta, selecciona los ingredientes y establece los procesos que cumplan con las expectativas de los clientes. Los indicadores del proceso o CTQ's deben incluir el tiempo de ciclo, el costo especificado y un gran sabor.

---

[8]CTQ = *Critical To Quality*

NECESIDAD	IMPULSOR	CTQ
	Entrega →	Tiempo de ciclo
Ordenar comida →	Precio →	Bajo costo
	Sabor →	Delicioso

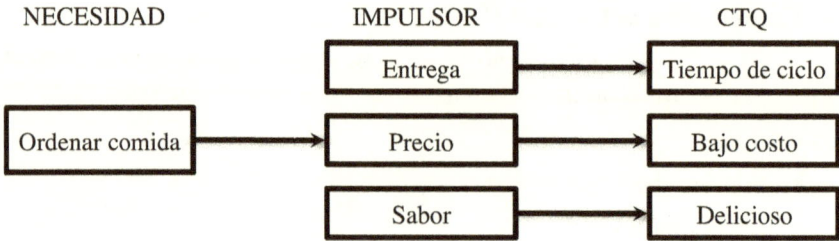

Figura 4.6: Ejemplo de CTQ

7. **Carta de Proyecto** – Una carta de proyecto es una ruta escrita que muestra:

➢ La documentación sobre el caso de negocio, incluyendo un análisis costo – beneficio así como el impacto financiero

➢ Define el problema que será atacado por el proyecto

➢ Clarifica el alcance del proyecto

➢ Establece el objetivo

➢ Define los miembros del equipo y su rol

➢ Establece la fecha de finalización, hitos y entregables clave

➢ Identifica los recursos y otros requerimientos

La Carta de Proyecto es una herramienta muy efectiva para planear el proyecto, se utiliza como referencia a lo largo del proyecto y se actualiza conforme avanza el mismo. Es un plan consolidado que sienta las bases de la forma en que se estructurará el proyecto, así como la administración en términos del control de cambios, verificación de avances y resolución de problemas.

La Carta de Proyecto, ayuda de las siguientes formas:

➢ Los objetivos del equipo están alineados con los objetivos organizacionales.

➢ El equipo obtiene un compromiso total de los líderes

➢ El equipo conoce las fronteras y objetivos del proyecto

➢ El equipo se puede mantener enfocado en los objetivos definidos

B. Medir – Herramientas

1 Costo de Calidad – El costo de calidad (COQ[9]) es el costo total incurrido en la búsqueda de la calidad o en desarrollar actividades relacionadas con la calidad. La Figura 4.7 muestra los tres componentes del COQ:

a. Costos de Prevención

b. Costos de Diagnóstico

c. Costos de Falla

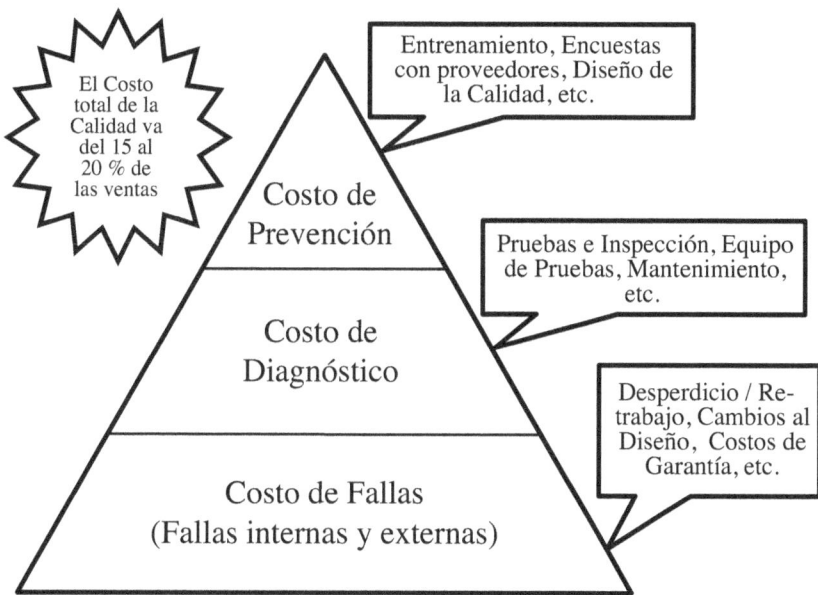

Figura 4.7: Componentes del Costo de la Calidad

El costo de Prevención está asociado con la planeación, diseño, implantación y monitoreo de un sistema de calidad que prevenga la ocurrencia de nuevas fallas. A continuación se presentan algunos ejemplos sobre costos de prevención:

➢ Planeación

➢ Estudios de Capacidad

➢ Revisión de Diseños

---

[9]COQ = *Cost Of Quality* (Costo de Calidad)

➢ Pruebas de Campo
➢ Evaluación y encuestas de Proveedores
➢ Documentación de Procedimientos
➢ Entrenamiento
➢ Análisis de Mercado

Los costos de Diagnóstico están asociados con la medición, revisión, inspección, verificación, evaluación y aseguramiento del desempeño en los productos, servicios, salidas del proceso o materiales, es un costo de conformidad. A continuación algunos ejemplos sobre el costo de Diagnóstico:

➢ Auditorías de Productos
➢ Revisión de planos
➢ Inspección Final
➢ Inspección del Proceso
➢ Pruebas de Laboratorio
➢ Pruebas al Personal
➢ Inspección de Ingresos (materiales)
➢ Inspección de Embarques

Los costos de Fallas están divididos en dos elementos: costos por fallas internas y costos por fallas externas. El costo por fallas internas es cualquier costo asociado al manejo del producto, servicio, software o solución que no cumpla con los requerimientos.

Los costos por fallas internas no son pagados por el cliente; el costo por fallas internas es un costo por mal desempeño. Algunos ejemplos de costos por fallas internas son:

➢ Análisis de Fallas
➢ Análisis Post Mortem
➢ Rediseño
➢ Re-inspección
➢ Costos de Reparación
➢ Pruebas Recurrentes
➢ Re-trabajo

➢ Desperdicio Permitido
➢ Cambios de Ingeniería
➢ Cambios a los Requerimientos

Los costos por fallas externas se refieren a cualquier costo incurrido en el manejo de las fallas en campo, este costo tampoco es pagado por el cliente y se considera un costo de no conformidad. Algunos ejemplos de costos por fallas internas:

➢ Insatisfacción del cliente
➢ Paros de Línea
➢ Inventario en exceso
➢ Gastos de viaje excesivos
➢ Manejo excesivo de materiales
➢ Penalizaciones
➢ Errores en los precios

En cualquier organización se pueden estimar los diferentes costos como un porcentaje del Costo de la Calidad de la siguiente forma:

Costos de Prevención	01 –15 %
Costos de Diagnóstico	15 – 60 %
Costos de Fallas Internas	10 – 35 %
Costos de Fallas Externas	05 – 15 %

La intención de analizar los costos por calidad es con el fin de desarrollar los recursos suficientes para prevenir, así como minimizar el costo total de la calidad. Los costos por Diagnóstico y Fallas se pueden agrupar y así llamarse Costo Por Mala Calidad (CPMC o *COPQ*[10])

Los siguientes ejemplos de costos por calidad fueron identificados en una empresa de Software:

a.	Costos de Inspección	$10,000
b.	Planeación de la Calidad	$30,000
c.	Verificación de los Requerimientos de Usuarios	$25,000
d.	Reparación y re-trabajo en Software	$78,000

---

[10]COPQ = *Cost Of Poor Quality*

e.   Pruebas al Producto Final $95,000

f.   Problemáticas y re-pruebas $49,000

g.   Soporte Técnico al Cliente $195,000

Costo de Fallas   = $49,000 + $ 195,000 + $78,000

                         = $322,000

Costo de Diagnostico   = $10,000 + $25,000 + $95,000

                         = $ 130,000

Costo de Prevención   = $30,000

El Costo Por Mala Calidad debe ser examinado como un porcentaje de las utilidades en vez de un porcentaje de las ventas. El Costo Por Mala Calidad impacta directamente a las utilidades corporativas.

2. DPU – Los Defectos Por Unidad es una medida de desempeño del producto o servicio importante y fácil de implantar que corresponde a las fallas en campo.

Mientras más grande sea el DPU, el cliente experimentará más fallas en campo.

Unidad: es una salida del proceso la cual puede ser un producto, material, ensamble, reporte, solución, servicio o información.

Defecto: la desviación de las características especificadas por el cliente para un producto, desde la intención de su objetivo hasta las tolerancias permitidas, que llevan a la insatisfacción del cliente.

Por lo tanto, los DPU se definen como:

$$\frac{\text{El número total de defectos observados en las unidades verificadas/ inspeccionadas}}{\text{El número total de unidades verificadas / inspeccionadas}}$$

Estamos hablando de *defectos* y no *unidades defectuosas* (Vg. Una unidad defectuosa puede tener múltiples defectos). Mientras que el rendimiento relaciona el número total de unidades sin defectos con el volumen total de unidades; el DPU toma en cuenta el número total de defectos.

Por ejemplo, en un proceso se recopiló la siguiente información en una semana:

Día	Unidades Producidas	Total de Unidades Defectuosas	Total de Defectos Observados
1	100	5	8
2	100	4	9
3	100	7	14
4	100	6	10
5	100	4	12
Total	500	26	53

Los datos indican que el rendimiento del proceso es: (500–26)/500 (94.8%) mientras que el DPU es 53/500 (10.6%).

En el caso de múltiples procesos en una operación, el rendimiento total del proceso, llamado RTY[11], es igual a la multiplicación del rendimiento individual de cada proceso. El siguiente diagrama muestra un proceso de tres pasos con sus respectivos rendimientos:

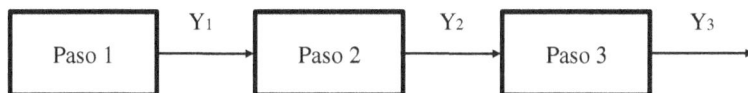

Para este proceso el RTY es de:

$$RTY = Y_1 \times Y_2 \times Y_3$$

La siguiente ecuación representa la fórmula para este cálculo:

$$\text{Rendimiento al Primer Pase} = e^{-DPU}$$

Donde "e" representa la función exponencial en *MS Excel*.

Ante la ausencia de datos sobre los defectos, se puede estimar el DPU utilizando la siguiente ecuación:

DPU Estimado = -LN (Rendimiento % / 100)

Donde LN es el Logaritmo Natural, función que se puede obtener en *MS Excel*.

---

[11]Rolled Throughput Yield

3. DPMO – *DPMO* se refiere a los Defectos Por Millón de Oportunidades, las Oportunidades son la cantidad potencial de defectos o errores que pueden ocurrir. Los DPMO se definen como:

$$\frac{\text{DPU} \times 1,000,000}{\text{Cantidad promedio de Oportunidades de defecto por unidad}}$$

Por ejemplo: cando ordenamos una pizza, se pueden tener los siguientes defectos:

I. Base equivocada
II. Pizza fría
III. Cuenta incorrecta
IV. Mal sabor
V. Empaque sucio
VI. Ingredientes incorrectos
VII. Entrega tardía
VIII. Comportamiento inadecuado del repartidor

Por lo que existen ocho oportunidades de defectos al entregar una pizza a un cliente. La Tabla 4.4 representa los datos recolectados en una pizzería:

Fuente del defecto	Total de Pizzas entregadas	Frecuencia
Base equivocada	1000	8
Pizza fría	1000	25
Cuenta incorrecta	1000	15
Mal sabor	1000	5
Empaque sucio	1000	45
Ingredientes incorrectos	1000	12
Entrega tardía	1000	78
Comportamiento inadecuado del repartidor	1000	3
Total	1000	191

Tabla 4.4: Frecuencia de los defectos

Por lo tanto:

DPU = 191 / 1000, ó 0.191, y

DPMO = (0.191 × 1,000,000) / 8 = 23,875

Se puede observar que los DPMO normalizan a los DPU sin importar las oportunidades de error o la complejidad del proceso

4. Nivel Sigma – El Nivel sigma representa una medida de excelencia, mientras mayor sea el Nivel Sigma, mejor será la calidad. El Nivel Sigma está determinado por el DPMO previamente calculado como se muestra en la siguiente tabla.

Si el Nivel Sigma estimado es menor a 2.5, el proceso o negocio tiene serios problemas que deben ser resueltos inmediatamente incluso sin Seis Sigma. Los valores típicos de Nivel Sigma para empresas que no han iniciado o procesos que trabajan normalmente, están entre 2.5 y 3.5; el Nivel Sigma para un proceso bien desarrollado está entre 3.5 y 4.5.

El Nivel Sigma que corresponde a un DPMO de 23975 es aproximadamente 3.5

La tabla 4.5 indica que la mejora necesaria para ir de tres a cuatro sigma es de 10 veces, de cuatro a cinco sigma es de 30 veces y de cinco a seis sigma es de 70 veces; por lo tanto, la mejora necesaria para ir de tres Sigma a seis Sigma es mayor a 20,000 veces.

Conociendo el tamaño de la mejora necesaria para alcanzar un desempeño a nivel Seis Sigma, podemos observar que solamente los procesos que significan peligro de muerte para personas o negocios deben alcanzar este nivel de desempeño; sin embargo, alcanzar el nivel Seis Sigma para cualquier proceso debe tener una buena justificación económica.

Nivel Sigma	DPMO	Nivel Sigma	DPMO	Nivel Sigma	DPMO
1.00	697700	2.00	308700	2.25	226627
2.50	158655	2.75	105650	3.00	66807
3.25	40059	3.50	22750	3.75	12224
4.00	6210	4.25	2980	4.50	1350
4.75	577	5.00	233	5.25	88
5.50	32	5.75	11	6.00	3

Tabla 4.5: Conversión de DPMO a Nivel Sigma

5. Promedio / Mediana – El valor típicamente utilizado para una salida se llama promedio. El promedio se calcula sumando el total de los datos dividido entre la cuenta de datos. El valor promedio puede llevar a datos incorrectos si éstos están centrados alrededor de alguna orilla.

Para datos sesgados o subjetivos, es mejor utilizar la Mediana, que se refiere al valor central que divide el conteo de los datos por la mitad. En otras palabras, el 50 % de los puntos de información están debajo y el 50 % están por arriba de la Mediana. La mediana es determinada al acomodar los datos e identificar el valor medio para una serie de números o datos, o el promedio de dos valores centrales para una cantidad de datos igual en ambos lados.

6. Rango – El valor promedio no es suficiente información respecto a los datos del proceso, el promedio puede parecer correcto o en objetivo, pero los datos pueden estar muy dispersos. El rango es una medición sencilla sobre la dispersión de los datos; en procesos de negocios, esta dispersión representa inconsistencia o variación en el proceso. El rango se determina al calcular la diferencia entre el **valor máximo y el mínimo**.

7. Varianza / Desviación Estándar – Al calcular el rango, se utilizan dos datos son importar el tamaño de la muestra; si se tienen tres o tres millones, el rango sólo utiliza dos datos: el valor máximo y el mínimo; el rango suele ser una medida más sensible en tamaños de muestra pequeños.

La Varianza es otra medida de dispersión para el proceso; se calcula usando todos los datos, por lo que es una mejor medida sobre la variación. La varianza se calcula al sumar el cuadrado de la diferencia entre todos los datos y el valor promedio, dividiéndolo por la cuenta de datos. Por ejemplo, para cuatro valores, la varianza se puede calcular de la siguiente forma:

$$\text{Varianza} = \text{Suma } \{(X_1 - \text{promedio})^2 + (X_2 - \text{promedio})^2 + (X_3 - \text{promedio})^2 + (X_4 - \text{promedio})^2\}/4$$

La Desviación estándar es la raíz cuadrada de la varianza; se utiliza para predecir la probabilidad de un evento con base en la distribución estadística predefinida, como es la distribución Normal o de Poisson.

Software como MS Excel tienen funciones construidas para calcular la desviación estándar; se puede hacer una estimación al dividir el rango entre seis (rango/6). Esta aproximación de la desviación estándar se puede utilizar para tomar decisiones típicas respecto a un proceso de negocio; para situaciones críticas, es deseable calcular la desviación estándar para disminuir el riesgo al tomar una decisión.

Desviación Estándar = Raíz Cuadrada (Varianza)

Desviación Estándar estimada = Rango / 6

8. Pensamiento Estadístico – Con el fin de saber más respecto al comportamiento de un proceso, se deben conocer tanto el promedio como la desviación estándar. En un sentido estadístico, existen diferentes distribuciones que nos permiten determinar la probabilidad de una situación, como puede ser la ocurrencia de un defecto. Una de las distribuciones más conocidas es la Normal, que se observa en la figura 4.8. La distribución Normal se ve como una curva con forma de campana que representa la ocurrencia de los eventos, así entonces, muchos puntos muestran una ocurrencia de eventos en el centro y pocos en las orillas de la distribución. Como se puede observar en la Figura 4.8; se ha desarrollado un trabajo extensivo para predecir la probabilidad asociada a la distribución Normal con base en el conocimiento del promedio y la desviación estándar.

Para determinar esta probabilidad de ocurrencia, se requiere localizar el punto que representa un evento en la curva, la distancia entre la media del proceso (o centro de la curva) y el punto en términos de la desviación estándar, el cual es llamado valor "z". En otras palabras, el valor "z" es el número de desviaciones estándar de distancia hacia la media del proceso.

Para hacer más sencilla la estimación de la probabilidad de un evento, es necesario recordar lo siguiente: la probabilidad para una desviación estándar hacia la media es 2/3, dos desviaciones es del 95 % y por último tres desviaciones se acerca mucho al 100 %.

La importancia de conocer la probabilidad de un evento en una, dos o tres desviaciones estándar, es que la variación que ocurre entre dos desviaciones con una probabilidad del 95 %, se considera común debido a la aleatoriedad de las variables incontrolables.

Entonces la variación que ocurre fuera de las dos desviaciones estándar, con un 5 % de probabilidad, es llamada especial, debido a que se puede asignar a ciertas variables.

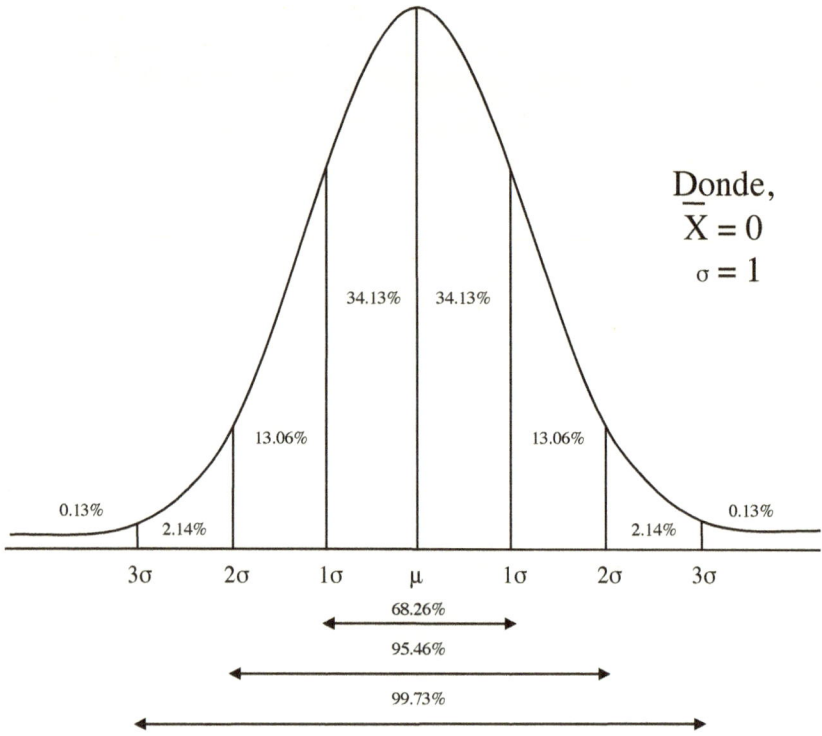

Donde,
$\overline{X} = 0$
$\sigma = 1$

34.13%   34.13%

13.06%   13.06%

0.13%   0.13%
     2.14%   2.14%

3σ   2σ   1σ   μ   1σ   2σ   3σ

68.26%

95.46%

99.73%

Figura 4.8: Distribución Normal

Pensamiento estadístico significa comprender la naturaleza de las inconsistencias con base en la frecuencia de ocurrencias. Si la inconsistencia dentro de un proceso es excesiva debido a variación aleatoria, es necesario conducir un estudio de capacidad detallado. Si la inconsistencia es incidental con excepciones, es necesario hacer ajustes al proceso para mejorarlo.

Con el fin de reducir la variación común, es necesario incrementar los conocimientos sobre el proceso, suele suceder que este tipo de procesos tienen una desviación estándar alta. Para reducir la variación especial, es necesario ajustar determinados parámetros del proceso. Este tipo de procesos tienen diferencias respecto a la media de una muestra; si no se controla la variación especial, esta diferencia se hace parte de la variación común y por lo tanto se vuelve inherente al proceso.

La variación común es inherente al proceso debido a una gran cantidad de variables, mientras que la variación especial se genera debido a ciertas variables específicas.

Por ejemplo, cuando manejamos hacia el trabajo por la mañana, se espera llegar en una hora determinada; si alguien pregunta, "¿Cuánto tiempo te toma llegar al trabajo?", la respuesta debería ser 30 minutos más/menos 5 minutos. Este más / menos de 5 minutos alrededor de la hora acostumbrada de llegada representa un 95 % de probabilidad de que el resultado esperado suceda; sin embargo, debido a un accidente, un día llega 20 minutos tarde. Este retardo es un caso excepcional, debido a que la demora excesiva fue generada por un evento con cierta causa que podemos definir claramente.

Para reducir el tiempo de 30 minutos, es necesario pensar en mejorar la capacidad del proceso, ya sea cambiando la ruta, usando un vehículo diferente o trabajando desde casa (Vg. oficina virtual). Para reducir la demora excepcional de 20 minutos, será necesario salir más temprano para evitar la hora pico donde es más probable que sucedan accidentes.

Esta explicación parece ser meramente intuitiva, pensamos que cuando sucede un evento extraño, éste se desarrolla por excepción (rara vez suceden); sin embargo, utilizando pensamiento estadístico, todo sucede por probabilidad. Entonces el nivel de probabilidad es lo que separa a los eventos aleatorios de los eventos con causas asignables.

Las causas que contribuyen a la variación aleatoria son difíciles de identificar, controlar y cambiar, en cambio, las causas que contribuyen a la variación especial son más sencillas de identificar (asignables), controlar y cambiar; una vez que se logra controlar el proceso, el siguiente objetivo es mantener el proceso bajo control estadístico (esto es, sin causas especiales).

C. Analizar – Herramientas

1. Análisis Causa Raíz – El análisis causa raíz es una excelente herramienta para identificar causas potenciales para un problema determinado. En 1943 el Dr. Kaoru Ishikawa, presidente del Instituto Mushai para la Tecnología en Tokio, utilizó por primera vez el diagrama para analizar las causas raíz, es por esto que el diagrama es llamado de Ishikawa, también se le da el nombre de espina de pescado por su parecido al esqueleto de este animal.

El análisis causa raíz tiene las siguientes ventajas:

➢ Elimina las causas triviales de un problema

➢ Establece interrelaciones entre diferentes causas

> ➤ Fácil de utilizar y completar
> ➤ Herramienta gráfica en vez de estadística
> ➤ Incrementa el conocimiento del proceso
> ➤ Esfuerzo inter-funcional que mejora la comunicación

Una definición clara del problema es la base para un análisis causa raíz efectivo. Al desempeñar este tipo de análisis, se exploran los Qué, Dónde, Cuándo, Porqué, Cómo y Cuánto:

> ➤ Qué – descripción, síntomas y severidad
> ➤ Dónde – número de parte, locación, situaciones, geográficos
> ➤ Cuándo – tiempo y frecuencia del problema
> ➤ Porqué – explicación de las contribuciones al problema
> ➤ Cómo – modo de operación o actividades
> ➤ Cuánto – magnitud del problema

El diagrama de Ishikawa, como se muestra en la figura 4.9, consiste en las cuatro ramas principales: materiales, maquinaria, método y mano de obra.

Mano de obra se refiere a las habilidades de la persona para realizar las labores, más allá de las intenciones.

La correspondencia para ambientes transaccionales de las 4 M's es: información, herramientas, metodología y competencia.

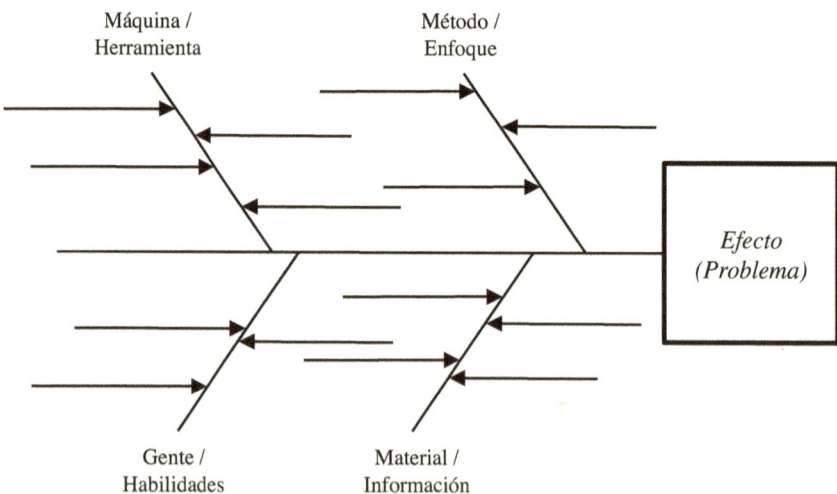

Figura 4.9: Diagrama de Ishikawa

Para conducir el análisis causa raíz es necesario involucrar las siguientes actividades:

1. Crear un equipo inter funcional
2. Definir claramente el problema
3. Nombrar el problema o efecto
4. Escribir las principales ramas del diagrama
5. Desarrollar una lluvia de ideas sobre las causas potenciales alrededor de las cuatro ramas principales, creando sobre las ideas de los demás (10 – 15 causas para un problema simple, 20 – 30 causas para un problema complejo)
6. Priorizar y seleccionar al menos una causa potencial por cada rama; en caso de ser necesario, seleccionar más de una por rama. Circular las causas vitales
7. Probar las causas críticas preguntando "¿Porqué?" hasta que se pueda definir una acción para remediar la inconsistencia
8. Asignar responsabilidad y fecha de implantación para cada acción definida.

La figura 4.10 muestra un ejemplo del análisis causa raíz sobre los problemas de seguridad en una compañía:

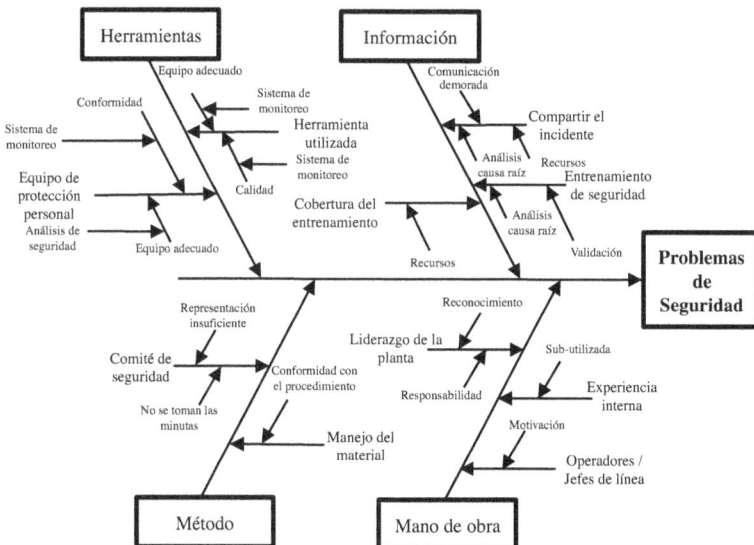

Figura 4.10: Análisis causa raíz de Problemas en Seguridad

2. AMEF – En la industria automotriz, aeroespacial, farmacéutica y ferroviaria, los Análisis de Modos, Efectos y Fallas (AMEF) son una actividad obligatoria para identificar y mitigar riesgos potenciales.

Esto se hace de igual forma para operaciones críticas o donde se toca al cliente, siempre es importante desarrollar un AMEF para prevenir problemas de forma anticipada.

El proceso para crear un AMEF consiste en lo siguiente:

➢ Identificar las Modos potenciales de falla, efectos y causas asociadas con el diseño y la producción de un producto / servicio.

➢ Evaluar la severidad de los efectos, ocurrencia de las causas y controles para detección.

➢ Determinar el nivel de riesgo con base en la severidad, ocurrencia y detección.

➢ Priorizar las fallas potenciales con base en el nivel de riesgo

➢ Establecer un plan de acción para mitigar los riesgos significativos

Cuando se utiliza un AMEF en la etapa de diseño, se le llama AMEF de Diseño o DAMEF; en caso de hacerlo en la fase de proceso se le llama AMEF de Proceso o PAMEF.

Severidad (S) es un diagnostico sobre que tan severo es el efecto en la falla potencial para el siguiente componente, subsistema, sistema o cliente. Aplica solamente para los efectos y se maneja con un rango entre 1 (menos severo) y 10 (más severo).

Ocurrencia (O) es la potencialidad de una causa a ocurrir. Los rangos de posibilidad están basados en los rangos de falla antes de la proceso de ejecución. La ocurrencia se maneja entre el rango de 1 (no sucede) al 10 (sucede con mucha frecuencia).

Detección (D) es un diagnóstico de la habilidad en los controles de un proceso para detectar causas potenciales y sus modos de falla antes de que la parte o el sistema salga del área de operación. Se califica entre 1 (detección certera) y 10 (no hay detección).

La tabla 4.6 provee las guías para diagnosticar la severidad, ocurrencia y detección.

Severidad	Rango	Ocurrencia de falla	Rango	Detección	Rango
Peligroso sin aviso	10	Muy alta: la falla es casi inevitable (>1 en 2)	10	Absolutamente indetectable	10
Peligroso con aviso	9	1 en 3	9	Muy remota	9
Muy alta	8	Alta: fallas repetidas (1 en 8)	8	Remota	8
Alta	7	1 en 20	7	Muy baja	7
Moderada	6	Moderada: fallas ocasionales (1 en 80)	6	Baja	6
Baja	5	1 en 400	5	Moderada	5
Muy baja	4	1 en 2,000	4	Moderadamente alta	4
Menor	3	Baja: relativamente pocas fallas (1 en 15,000)	3	Alta	3
Muy menor	2	1 en 150,000	2	Muy alta	2
Ninguna	1	Remota: la falla casi nunca sucede (1 en 1,500,000)	1	Casi segura	1

Tabla 4.6: Guías para el diagnóstico del riesgo

Ref. www.fmeainfocenter.com

Número de Prioridad del Riesgo (NPR) es la multiplicación de S, O y D y se utiliza para priorizar los riesgos.

El AMEF inicia con el mapa de procesos o el diagrama de bloques de diseño, una vez que se listan los pasos del proceso, se pueden identificar varios modos de falla potencial para su evaluación. Para cada efecto, se listan causas potenciales utilizando el pensamiento de Ishikawa y se estima la frecuencia de ocurrencia, posteriormente se diagnostica la detección con base en los controles internos del proceso o verificaciones.

Para reducir el NPR (número de prioridad del riesgo), se identifican acciones que disminuyan la severidad, ocurrencia o fugas en controles.

La tabla 4.7 es un ejemplo de un AMEF para actividades relacionadas con la seguridad:

3. Gráfica de Dispersión – un diagrama de dispersión es una representación gráfica de la relación entre dos variables cuantitativas. Se desarrolla al graficar una variable dependiente (la variable de interés) en el eje "Y" y la variable independiente (la variable que impacta a la variable dependiente) en el eje de las "X" de una gráfica de dos dimensiones.

La figura 4.11 muestra el diagrama de dispersión con base en los datos de ventas semanales para una tienda de abarrotes (eje Y) y los gastos de publicidad semanal (eje X).

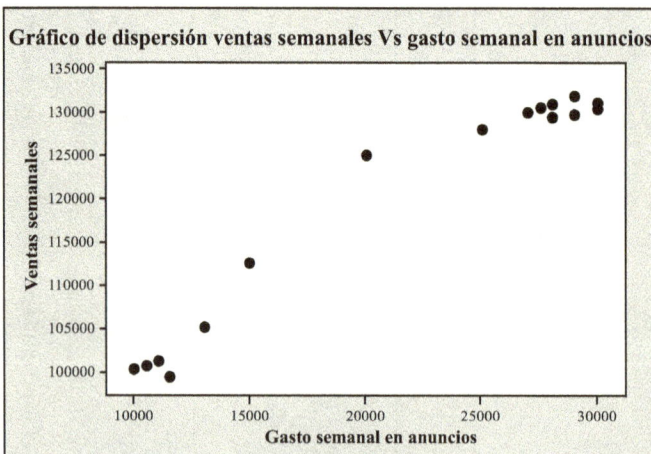

Figura 4.11: Ejemplo de gráfico de dispersión

(Ref.: Software Minitab)

Paso del Proceso	Modo de Falla Potencial	Efecto potencial	S	Causa potencial	O	Controles actuales del proceso	D	RPN
Auditoría	1. Frecuencia inadecuada de auditorías	1. Desarrollo de condiciones inseguras	6	1. Falta de sistemas de auditoría institucionalizados	4	1. Auditorías trimestrales de seguridad	7	168
	2. Baja participación de los empleados	2. No hay desarrolllo del empleado	5	2. Falta de conocimiento sobre prevención de accidentes / proceso de auditoría en seguridad / herramientas	4	2. Auditorías de equipo	5	100
Reporte de incidentes	1. Aprendizaje pobre	1. Se repite el incidente	9	1. Ausencia de un sistema de comunicación formal para todos los empleados	6	1. Comité de Seguridad	4	216
		2. Baja atención	6		5	2. Comité de Seguridad	4	120
	2. Investigación insuficiente	1. Causas raíz no eliminadas	7	1. Falta de entrenamiento en investigación de incidentes	8	1. Comunicación del supervisor	7	392

Tabla 4.7: Un ejemplo de AMEF

Si fuéramos el gerente de la tienda, ¿Qué conclusiones podríamos obtener al mirar la gráfica?

Las observaciones agrupadas, indican que el crecimiento en ventas está relacionado positivamente con los gastos de publicidad; también es posible apreciar un punto de inflexión en la gráfica alrededor de los $25,000 en gastos de publicidad.

La relación entre ambas variables puede ser positiva o negativa como se muestra en la figura 4.12 A, B y C.

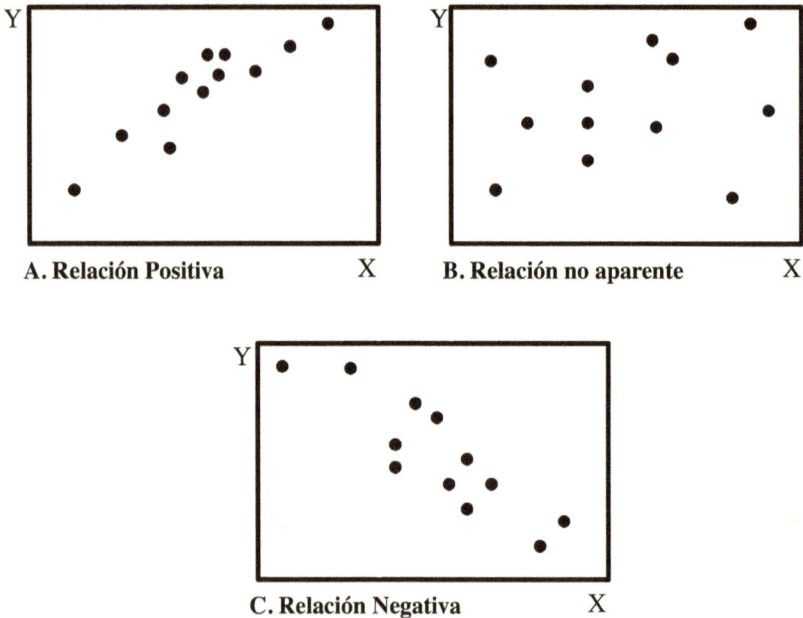

A. Relación Positiva   X   B. Relación no aparente   X

C. Relación Negativa   X

Figura 4.12: Relaciones mostradas por una gráfica de dispersión

4. Análisis de Regresión Visual – La gráfica de dispersión muestra la relación entre dos variables X y Y; un análisis de regresión cuantifica la relación entre ellas.

El Análisis de Regresión Visual permite evaluar la correlación entre dos variables para fines prácticos. Para cuantificar la correlación entre dos variables, se puede utilizar MS Excel o programas de estadística. La estimación visual de la regresión ayuda a obtener conocimiento entre las relaciones de dos variables. Dibujar la línea que mejor se ajusta a una serie de puntos en una gráfica de dispersión, permite determinar tanto una relación lineal como una no lineal, así como la fortaleza de esa relación.

Si la relación no es suficientemente fuerte, se han olvidado algunas variables muy importantes dentro del análisis, mismas que deben ser encontradas. El análisis de regresión visual permite movernos rápidamente sin utilizar análisis estadísticos complicados.

D. Mejorar – Herramientas

1. Búsqueda de Componentes – La búsqueda de componentes es una forma natural para resolver problemas en donde se intercambia una parte entre una unidad que funciona y otra que no funciona para verificar si cambia el desempeño. El propósito de un experimento en búsqueda de componentes es identificar los componentes que causan la variación en el desempeño de un producto; la técnica de búsqueda de componentes puede ser utilizada donde los componentes tienen la posibilidad de ser intercambiados sin afectar el desempeño, éstos productos se ensamblan o desensamblan fácilmente.

Este tipo de experimentos requiere una unidad "buena" y una "mala"; la técnica utiliza un enfoque de eliminación al intercambiar componentes entre estas dos unidades para determinar el efecto de cada componente en la respuesta de salida que se está midiendo. El objetivo de una búsqueda de componente es identificar aquellos componentes que convierten a una unidad "buena" en una "mala" y la "mala" en una "buena".

Supuestos clave:

1. Existen dos unidades – una con todas las partes buenas y otra con algunas partes problemáticas.
2. La diferencia en el desempeño de las dos unidades es significativa y está causada exclusivamente por la diferencia en el desempeño de los componentes.
3. El proceso de intercambiar partes no afecta el desempeño de las unidades.
4. El desempeño se puede medir y repetir cualquier número de veces sin deterioro.

Para conducir un experimento de búsqueda de componentes, se deben obtener muestras de unidades buenas y defectuosas, para después desarrollar el siguiente proceso:

1. Medir el desempeño de las unidades buenas y malas
2. Hacer una lluvia de ideas para identificar los componentes cuestionables

3.   Calificar las partes con problemas con base en el impacto en las unidades

4.   Intercambiar la mayoría de las partes problemáticas entre unidades buenas y malas, y observar los cambios en el desempeño.

5.   Analizar los resultados.

Se pueden obtener las siguientes salidas:

a.   No hay cambios – La parte intercambiada tal vez no sea la causa del mal desempeño. En este caso, intercambiar los componentes a su lugar original. Proceder con la siguiente parte calificada en el experimento.

b.   Cambio parcial – La parte intercambiada tiene un impacto marginal en el desempeño de la unidad buena y mala, pero es una causa indirecta del problema. Un cambio parcial representa una interacción con otros componentes.

c.   Cambio completo – La parte intercambiada fue la causa del problema, y el desempeño de la unidad buena y mala ha cambiado.

Una vez que se ha identificado la parte problemática o la combinación de éstas, se debe conducir un experimento de verificación. Una corrida de verificación asegura que "todos" los componentes que afectan el desempeño de un producto / proceso, han sido identificados.

La corrida de verificación normalmente se desarrolla intercambiando la totalidad de las partes que generan un cambio completo en el desempeño de la unidad.

2. Pruebas comparativas – Mejorando la Media – Normalmente, los procesos experimentan problemas debido a ciertas causas especiales que generan cambios en el desempeño de la salida o el producto. Si el problema persiste y se vuelve crónico, entonces la varianza se ve afectada significativamente y el problema se vuelve inherente al proceso.

Con el fin de mejorar un proceso, es necesario modificar la media del proceso o la varianza.

Si se requiere cambiar la media del proceso:

Para esta etapa de la metodología se han identificado una o dos variables, con base en el conocimiento del proceso; se identifica el cambio en los parámetros de la variable y se define un nuevo proceso, sin embargo, antes de que se cambie el proceso en producción o en la operación, se debe asegurar que estén cubiertas todas las variables. Los experimentos comparativos son un método para comparar dos salidas de un proceso y evaluar las diferencias entre sus medias.

Este método implica que existen dos procesos – uno actual y otro mejorado (asumiendo que no empeoramos el proceso). Por ejemplo, el proceso actual genera un nivel de satisfacción en los clientes del 78%, y el proceso mejorado lleva a una satisfacción del 88%, 92%, 94%, 88%, 86%, 98%, 89% y 89% para ocho clientes diferentes.

Por lo tanto, el nivel de satisfacción promedio es de 90.5% con una desviación estándar de 3.93 (determinado usando MS Excel).

En este ejemplo, se puede observar una mejora en la satisfacción del cliente del 78% al 90.5%; a veces, es posible observar un cambio sin hacer nada al proceso del 78% al 82%.

La pregunta que se debe hacer es: "¿La mejora es significativa como para mantenerse o depende específicamente de la muestra seleccionada?", por lo tanto, el cambio en el proceso es evaluado respecto a la variación común y se normalizan sus desviaciones estándar.

Inicialmente, en vez de un enfoque rigurosamente estadístico, se recomienda calcular la razón de cambio en la desviación estándar. Si la razón es mayor a 2.0, el cambio puede considerarse significativo y el proceso puede ser mejorado.

En otras palabras, si la media del proceso es mejorada en más de dos desviaciones estándar, el cambio puede ser considerado significativo bajo una muestra de tamaño razonable y económico.

Nota: para mejoras más finas en procesos críticos, se recomienda desarrollar pruebas estadísticas más robustas.

3. Pruebas comparativas – Mejorando la Varianza – Cuando un proceso es un enfermo crónico o difícil de mejorar, el enfoque debe ser reducir la varianza.

Reducir la varianza del proceso implica una mejora en la capacidad del proceso, lo que significa que es necesaria una caracterización más completa para llevar al proceso a un nuevo nivel de desempeño. Una vez que se ha identificado la nueva receta del proceso, se realiza una corrida de verificación y se recolectan datos en muestras del proceso actual y el nuevo para ser analizados.

Para comparar dos varianzas, se utiliza la prueba F, que es una razón de dos varianzas, como se muestra en la siguiente fórmula:

$$\text{Valor } F_{\text{Calculado}} = \frac{\text{Varianza Mayor}}{\text{Varianza Menor}}$$

(Recuerde que la varianza es el cuadrado de la desviación estándar).

Para simplificar esta herramienta usando la Prueba-F, la tabla 4.8 resume los valores esperados para determinar si la reducción en varianza es significativa. Estos valores $F_{\text{Esperados}}$ han sido simplificados para aplicaciones prácticas usando una muestra del mismo tamaño antes y después de la mejora. Estos valores son muy conservadores; para aplicaciones más precisas se recomienda consultar a un profesional en estadística.

Tamaño de muestra	Valor F_{Esperado}
3	20
5	10
10	5
20	3

Tabla 4.8: Tabla de significancia-F

Para que la reducción en varianza sea significativa,

$$F_{\text{Calculada}} \geq F_{\text{Esperada}}$$

Como ejemplo, para una muestra de 10 piezas, la varianza antes y después de la mejora ha sido determinada en 12 y 2 respectivamente; por lo tanto $F_{\text{Calculada}} = 12/2 = 6$, que es mayor al valor de $F_{\text{Esperada}} = 5$; entonces la reducción de la varianza es estadísticamente significativa.

Ocurren diferentes situaciones cuando se recopila una muestra de un proceso corriendo para monitorear los cambios en la varianza; una prueba llamada Chi Cuadrada (X^2) es utilizada para evaluar los cambios en la varianza de un proceso. En este caso, la desviación estándar de un proceso es conocida.

La fórmula para determinar $X^2{}_{Calculada}$ es la siguiente:

$$X^2{}_{Calculada} = \frac{(n-1) \times S^2}{\sigma^2}$$

Donde: X^2 = Variable Chi-cuadrada

n   = Tamaño de muestra

S^2 = Varianza de la muestra

σ^2 = Varianza objetivo conocida

La tabla 4.9 muestra los valores de significancia simplificados para la prueba X^2.

Tamaño de muestra	Valor $X^2{}_{esperado}$	Reducción esperada en la variación	S/σ Esperada
3	0.1	> 80%	< 0.2
5	0.7	> 60%	< 0.4
10	3.3	> 40%	< 0.6
20	10	> 20%	< 0.8

Tabla 4.9: Tabla de significancia X^2

Si la $X^2{}_{Calculada} < X^2{}_{Esperada}$ la reducción en la varianza del proceso puede ser considerara significativa. Por ejemplo, se ha desarrollado un nuevo software con una varianza objetivo de 10 defectos por módulo, se revisaron 10 módulos y la varianza en defectos por módulo observada fue de 2.

En este caso,   n $= 10$

$S^2 = 2$, o $S = 1.41$

$\sigma^2 = 10$, o $\sigma = 3.16$

$$X^2{}_{Calculada} = \frac{(10-1) \times 2}{10}$$

$$= 1.8$$

Debido a que $X^2_{Calculada}$ 1.8 es menor que $X^2_{Esperada}$ 3.3, podemos concluir que la varianza del proceso se ha reducido significativamente.

El enfoque sin estadística incluye lo siguiente:

$$s/\sigma \quad = \quad 1.41 / 3 / 16$$
$$= \quad 0.447$$

Para un tamaño de muestra de 10, s/σ es menor que 0.6, como se especifica en la tabla 4.9, entonces la vadiación del proceso ha sido significativamente reducida.

Otra forma sencilla de evaluar la mejora en la varianza es identificar la reducción en la desviación estándar. Como muestra la Tabla 4.9, mientras menor sea la muestra, mayor será la reducción esperada, de tal forma que se pueda concluir que existe una reducción en las inconsistencias.

4. Experimento Factorial Completo – Cuando somos incapaces de decidir que factor es responsable de una inconsistencia excesiva en el proceso, entonces puede ser que varios factores esten afectando el proceso al mismo tiempo.

En estos casos, el objetivo debe ser identificar el efecto de cada variable, así como el efecto de la interacción de estas variables; conforme el número de variables se incrementa, el reto de encontrar la combinación correcta también es mayor.

La complejidad se manifiesta en el número de combinaciones posibles a probar para conocer los efectos principales y las interacciones entre ellas que se da por la fórmula L^V, donde L es el número de niveles o parámetros de las variables y V es el número de variables. Si el número de variables es 5 y el número de niveles se mantiene en 2, la cantidad de pruebas será 32 (2^5). Esto es un número mayor de pruebas con el menor número de parámetros y un pequeño número de variables.

A continuación se encuentran los pasos clave para conducir un experimento fraccional completo:

1. Definir el objetivo del experimento
2. Identificar las variables clave
3. Conducir el estudio preliminar de la respuesta esperada y decidir los dos niveles

4. Conducir los experimentos
   a. Determinar las células
   b. Determinar el número de muestras por célula
   c. Desarrollar el experimento
   d. Registrar los resultados
5. Analizar los datos
6. Establecer conclusiones
7. Implantar acciones

El siguiente ejemplo muestra la disminución de errores en el desarrollo de software. Los factores afectando el nivel de errores son la experiencia del desarrollador y la frecuencia de las revisiones con el usuario. El equipo de Seis Sigma decide conducir experimentos en dos niveles para estos factores, como se muestra abajo:

| Experiencia del desarrollador | *< 2 años* | *> 2 años* |
| Revisiones con el usuario | *Trimestral* | *Mensual* |

A continuación esta el nivel de errores promedio para las diferentes combinaciones de los factores:

Revisión del usuario	*1 / mes*	47	41
	1 / trimestre	51	49
		< 2 años	*> 2 años*

Experiencia del desarrollador

Como se puede evidenciar en la tabla anterior, el principal efecto de los dos factores sobre la cantidad de errores se muestra abajo:

Revisión del usuario
$$= (47 + 41)/2 - (51 + 49)/2$$
$$= 44 - 50$$
$$= -6$$

Experiencia del Desarrollador
$$= (49 + 41)/2 - (51 + 47)/2$$
$$= 45 - 49$$
$$= -4$$

Tomamos nota de lo anterior que ambos - un aumento en la frecuencia de la revisión de usuario, así como la experiencia del desarrollador superior a reducir la tasa de error. Estos efectos principales se pueden representar gráficamente en las figuras 4.13a y 4.13b:

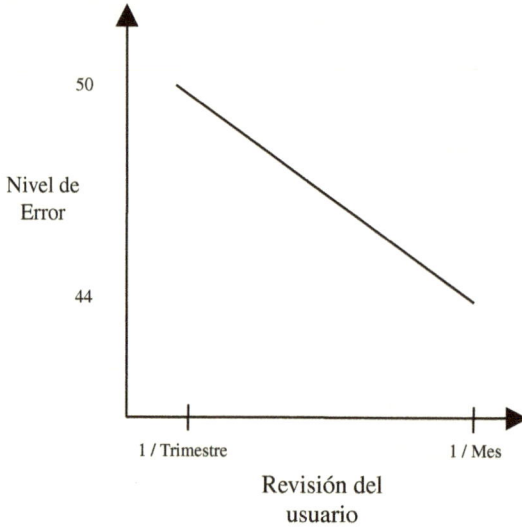

Figura 4.13a: Efectos principales en la Revisión del Usuario

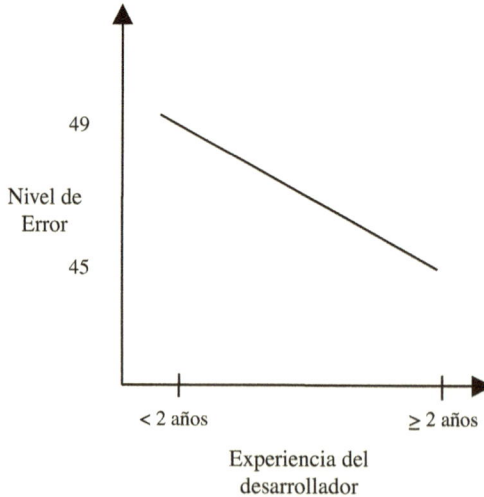

Figura 4.13b: Efectos principales en la Experiencia del Desarrollador

El poder de un Experimento Fraccional Completo puede verse al explorar las interacciones entre las variables. En este caso, la interacción sucede cuando el desempeño de la Revisión del Usuario es afectado de forma adversa por el incremento en la Experiencia del Desarrollador. Se puede observar la interacción entre ambas variables en la figura 4.14.

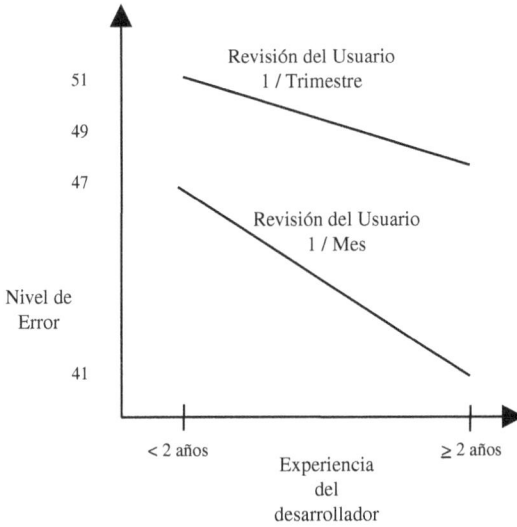

Figura 4.14: Efectos de la Interacción

El efecto de la experiencia sobre el nivel de error depende de la frecuencia de revisiones con el usuario; un incremento en la frecuencia de revisiones resulta en una reducción del nivel de errores con mayor experiencia. Sin embargo, en la gráfica de revisiones menos frecuentes, también existe un decremento del nivel de errores con la experiencia del desarrollador. En otras palabras, en ambas gráficas hay una disminución en el nivel de errores, la diferencia se halla en la inclinación de una y otra.

A continuación se encuentra un cálculo para esta interacción:

$$\text{Interacción} \quad = \quad \frac{(51 + 41)}{2} - \frac{(47 + 49)}{2}$$

$$= \quad 46 - 48$$

$$= \quad -2$$

El siguiente ejemplo resume el Experimento Fraccional Completo:

Factor	Nivel de Error
Revisiones con el Usuario	−6
Experiencia del Desarrollador	−4
Interacción entre Revisiones y Experiencia	−2

El análisis presentado muestra que las Revisiones con el Usuario tiene el impacto más significativo en el nivel de errores. La Experiencia y las Interacciones no tienen un impacto significativo.

En cualquier caso, se debe conducir un experimento comparativo sólo con las Revisiones del Usuario para validar el experimento antes del implantar los cambios al proceso respecto a estas revisiones.

Para más de dos variables, se pueden analizar experimentos factoriales más complicados con diferentes programas comerciales de estadística.

E. Control – Herramientas

1. Pensamiento de Procesos (Modelo de Excelencia en Procesos 4-P)
– El modelo de excelencia en procesos 4-P se compone de cuatro fases:

1. Preparar
2. Desarrollar (*Perform*)
3. Perfeccionar
4. Progresar

El modelo 4P incorpora el conocimientos de la administración de la calidad de grandes gurús como Ishikawa, Juran, Taguchi, Deming y Shewhart. Ishikawa se enfocaba en la preparación, Juran tenía una orientación hacia el desarrollo y ejecución, Taguchi buscaba el objetivo o la perfección, Deming hacía lo propio para reducir la variación de los procesos o progresar y Shewhart lo hacía en el ciclo completo y control del proceso.

El modelo de las 4-P se enfoca en la calidad de las entradas, transformadas por una serie de actividades que agregan valor, para generar una salida que está dentro del *objetivo* del cliente. Si se falla en el objetivo, estas inconsistencias son reducidas al modificar las entradas o las actividades.

La etapa de Preparar significa asegurarse de que las entradas al proceso sean correctas. Las entradas consisten en las 4M's de Ishikawa – material, maquinaria, método y mano de obra. El objetivo es asegurar que estas 4M's se reciben por el proceso en forma adecuada.

El paso de Desarrollar consiste en lograr un proceso bien definido, a prueba de errores, consistente y bien comprendido para una ejecución efectiva.

La etapa de Perfeccionar consiste en asegurar que la salida del proceso se encuentre dentro del objetivo. Si la salida del proceso no está en objetivo, se debe reconocer esta diferencia.

La fase Progresar lleva hacia la mejora del proceso y a reducir la variación alrededor del objetivo en las salidas.

Al aplicar continuamente este ciclo de las 4-P, las compañías pueden mejorar sus procesos para lograr los resultados deseados por el cliente a través de un proceso adecuado en vez de utilizar inspecciones robustas al producto. El modelo 4-P se muestra en la Figura 4.15.

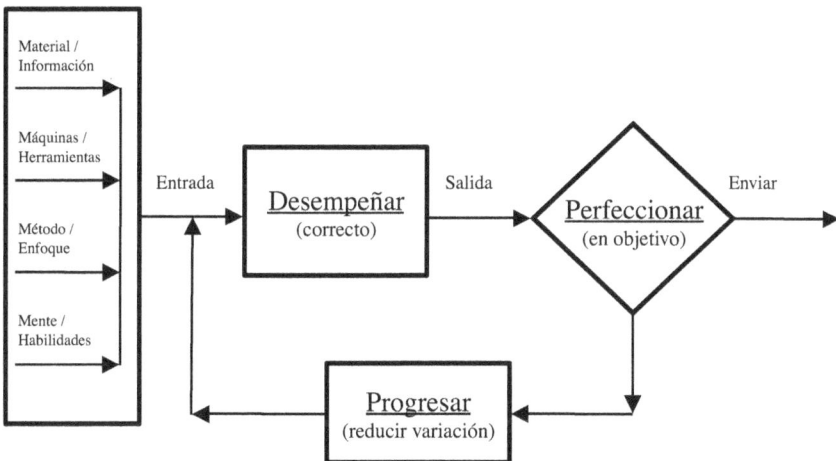

Figura 4.15: **El modelo de las 4-P**

Por ejemplo, el proceso para obtener una licencia para conducir se muestra en la figura 4.16.

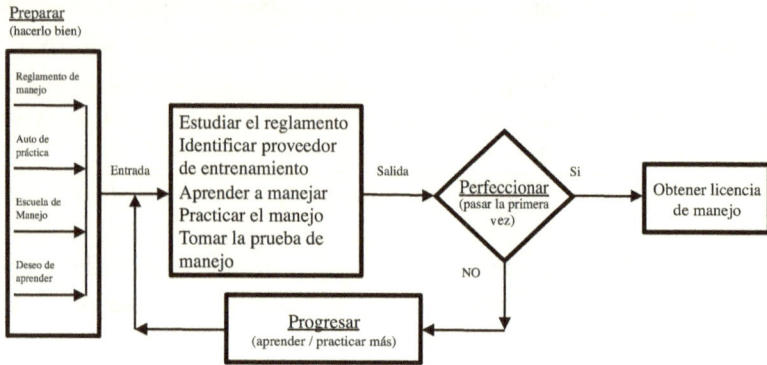

Figura 4.16: El Modelo 4P para obtener una licencia de manejo

2. Revisiones Gerenciales – El propósito de una revisión gerencial es evaluar la efectividad de un programa Seis Sigma al revisar el progreso y los resultados contra los objetivos buscados, objetivos fallidos y el estatus de las acciones correctivas. La Tabla 4.10 se puede utilizar para registrar las observaciones durante la reunión gerencial de revisión. Es necesario conducir esta revisión gerencial del programa y sus iniciativas de forma regular y como un compromiso hacia el programa general.

Proyecto	Resultados	Desviaciones	Causas	Acción correctiva

Tabla 4.10: Formato para la Revisión Gerencial

Una revisión gerencial retadora y con compromiso es el alma de implantar un programa Seis Sigma de forma exitosa.

3. Gráficas de Control – las gráficas de control es un método para monitorear la naturaleza estadística de un proceso e identificar cuando éste ha sido afectado por una causa especial. Una gráfica de control es un sistema para mantener la distribución normal alrededor de las salidas del proceso, cuando se modifica esta distribución, el proceso debe ajustarse para remover las causas especiales y regresar al estado de control estadístico en el proceso.

Antes de utilizar una gráfica de control para monitorear un proceso se deben eliminar todas las causas especiales, de otra forma, la gráfica de control mostrará situaciones fuera de control muy a menudo, tanto que en general será ignorada.

Las gráficas de control se clasifican en dos categorías de acuerdo al tipo de datos utilizados para controlar el proceso: las gráficas de control por atributos se utilizan cuando los datos recolectados son discretos, y las gráficas de control de variables se utilizan cuando los datos recolectados son continuos. Las diferentes gráficas de control se muestran a continuación:

Gráficas de Control por Atributos

Gráfica u: Número promedio de DPU en un subgrupo

Gráfica np: Numero de unidades defectuosas en una muestra

Gráfica p: Porcentaje o proporción defectuosa en un subgrupo

Gráfica c: Número de defectos en un subgrupo

Gráficas de Control de Variables

Gráfica X barra-R: el tamaño de la media y el rango ≤ 5

Gráfica X barra-S: el tamaño de la media y la desviación estándar ≥ 5

Gráfica X-R (o RM – Rango Móvil): cuando se grafican puntos individuales.

La Figura 4.17 muestra un ejemplo de gráficas de control.

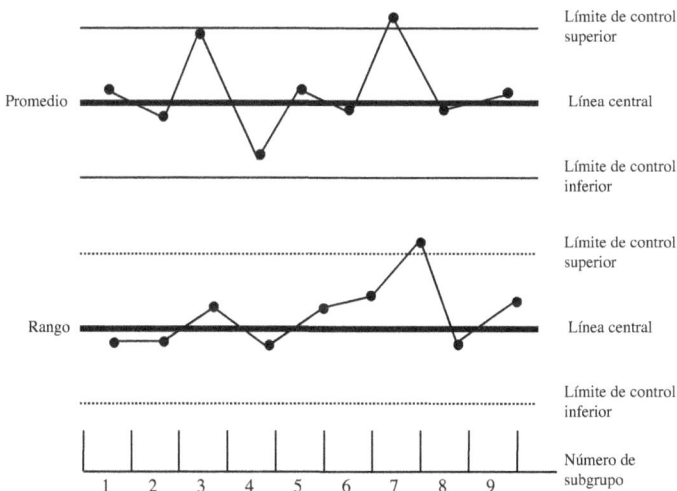

Figura 4.17: Ejemplo de una Gráfica de Control

Independientemente del tipo de gráfica, las reglas básicas para mantener control estadístico son las mismas. Las reglas se establecer con base en la probabilidad de tener puntos en el área entre las desviaciones estándar y la media; la diferencia principal consiste en el método utilizado para calcular los límites de control utilizando fórmulas diferentes.

Es necesario interpretar las gráficas de control de forma correcta para hacer los ajustes apropiados al proceso, las reglas están diseñadas para detectar patrones, tendencias, cambios y comportamiento no – normales.

A continuación se encuentran las reglas para determinar condiciones fuera de control:

1. Puntos fuera de los límites de control
2. Nueve puntos continuos a un lado de la línea central
3. Seis puntos continuos incrementando o disminuyendo
4. Catorce puntos continuos alternando arriba y abajo
5. Dos de tres puntos continuos más allá de dos Sigma
6. Cuatro de cinco puntos continuos más allá de un Sigma
7. Quince puntos continuos dentro de un Sigma
8. Ocho puntos continuos en ambos lados de la línea del centro dentro de dos Sigma.

Podemos notar en nuestro ejemplo que el proceso no está bajo control, debido a que los puntos (correspondiendo al subgrupo siete) tanto en la gráfica de promedios como la de rangos están fuera del límite de control superior.

4. Tablero de control – Uno de los retos es la identificación continua de oportunidades de mejora que tengan impacto directo en el negocio. El *Six Sigma Scorecard* (Gupta, 2006) fue desarrollado para diagnosticar un negocio en su desempeño global para lograr un crecimiento sustentable. El tablero puede ser considerado una extensión del Tablero de Gestión Estratégica (*Balanced Scorecard*), pero sus fundamentos son diferentes en muchas formas. El propósito del *Six Sigma Scorecard* es identificar oportunidades de mejoras en forma continua y permite definir el Nivel Sigma para la organización completa. El objetivo principal del *Six Sigma Scorecard* es que los líderes inspiren a sus empleados, los gerentes empujen las mejoras y los empleados se esfuercen en buscar innovación.

El *Six Sigma Scorecard* consolida mediciones de desempeño para toda la corporación bajo seis rubros listados a continuación:

1. Liderazgo y Utilidades (LU)
2. Administración y Mejora (AM)
3. Empleados e Innovación (EI)
4. Compras y Administración de proveedores (CAP)
5. Ejecución Operativa (EO)
6. Ventas y Distribución (VD)
7. Servicio y Crecimiento (SC)

Estos siete elementos corresponden a las diez mediciones que se han agregado para establecer el Índice de Desempeño del Negocio (BPIn). Las diez mediciones y su significado se listan a continuación:

	Medición	Abreviación	Ponderación
1	Reconocimiento a los empleados por su excelencia	LU	15
2	Utilidades	LU	15
3	Nivel de Mejora – todas las áreas	AM	20
4	Recomendación por empleado	EI	10
5	Total Gastos / Ventas	CAP	5
6	Nivel de Defectos por Proveedor (σ)	CAP	5
7	Variación del Tiempo de Ciclo Operativo	EO	5
8	Nivel de Defectos del Proceso (σ)	EO	5
9	Nuevos Negocios ($) / Total de Vts ($)	VD	10
10	Satisfacción del Cliente	SC	10
		Total:	**100**

Para cada medición, se asigna un valor en porcentaje, multiplicado por la ponderación diagnosticada sobre la contribución al BPIn. El BPIn representa la salud del negocio e identifica las desviaciones contra el desempeño ideal, por lo tanto, identifica las áreas de oportunidad para mejorar.

El BPIn para 30 Compañías que cotizan en la bolsa de valores americana (Dow Jones), con base en datos del 2003, fue estimado en un 70 %, lo que implica grandes áreas de oportunidad para mejorar el BPIn.

CAPÍTULO CINCO

MEDICIONES SEIS SIGMA SIN ESTADÍSTICA

Seis Sigma requiere tener y comprender el sistema de medición con el fin de ser aplicado correctamente; se necesita asegurar que existe un sistema de medición práctico para desarrollar la mejora de procesos de una forma más rápida, más allá de debatir sobre la exactitud del sistema. En la metodología Seis Sigma, el valor absoluto de las mediciones es menos crítico que el nivel de mejora. Todas las organizaciones tienen procesos, todos los procesos consisten en actividades, el principal objetivo de este tipo de programa es mejorar un proceso, más allá que discutir la variación debido a un sistema de medición cuestionable.

El primer reto del proceso es identificar los aspectos del negocio que deben ser medidos. ¿Cuál es la forma más sencilla para determinar estos aspectos importantes?

Si la calidad de un producto o servicio es importante, es necesario preguntar ¿Por qué es importante la calidad para la compañía? Las siguientes preguntas pueden ayudar para explorar e identificar las mediciones deseadas:

> ➤ Objetivos del Negocio: ¿Por qué un producto, proceso o característica del negocio es importante?
> ➤ Factores de éxito: ¿Qué objetivos se deben alcanzar?
> ➤ Mediciones de entrada: ¿Qué se necesita para alcanzar estos objetivos?
> ➤ Mediciones del proceso: ¿Cómo se van a alcanzar estos objetivos?
> ➤ Mediciones de salida: ¿Cómo se determinan los logros de esos objetivos?

Al hacer estas preguntas, una compañía puede identificar mediciones efectivas para asegurar la excelencia. Para operaciones de servicio, responder a estas preguntas identifica las mediciones y ayuda a la compañía a comprender las unidades de Defectos por Millón de Oportunidades (DPMO) para identificar áreas de oportunidad.

Aplicación de Mediciones Seis Sigma

Veamos un ejemplo del ensamble electrónico que incluye pasos del proceso tales como tomar partes del almacén, organizar el ensamble automático como elegir y colocar las piezas, soldado de piezas (manual), ensamble mecánico, ensamble del sistema, pruebas al sistema y el aseguramiento de calidad final.

El diagrama del proceso se muestra en la Figura 5.1.

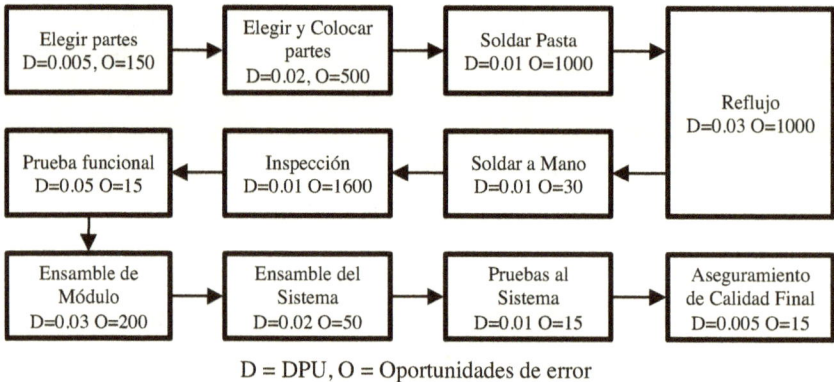

D = DPU, O = Oportunidades de error

Figura 5.1: Línea de Ensamble de Electrónicos

En la figura se identifican los pasos del proceso, así como sus DPU (D) y el número de oportunidades para error promedio (O) para cada proceso.

Tabla 5.1: los Datos de Calidad en la Operación muestran la implantación de varias mediciones Seis Sigma.

Un enfoque similar se puede adaptar para operaciones de servicios o desarrollo de software donde se identifica cada operación clave, y se determina su DPU, rendimiento, oportunidades, DPMO y Nivel Sigma. Con el fin de determinar el Nivel Sigma global, todos los DPMOs a través de las operaciones, se suman para obtener el DPMO global.

Operación	DPU	Identificación de oportunidades	# de oportunidades	DPMO	Nivel Sigma
Elegir partes	0.005	# de partes únicas elegidas	150	33	5.5
Elegir y colocar	0.02	# de partes únicas colocadas	500	40	5.4
Soldar pasta	0.1	# de almohadillas únicas	1000	100	5.2
Reflujo	0.03	# de conexiones únicas	1000	30	5.5
Soldar a mano	0.1	# de guías únicas	30	3333	4.2
Inspección	0.1	# de conexiones y partes únicas	1600	63	5.3
Prueba funcional	0.05	# de pasos	15	3333	4.2
Ensamble de módulo	0.03	# de partes únicas usadas	200	150	5.1
Ensamble de sistema	0.02	# de módulos diferentes	50	400	4.9
Prueba de sistema	0.01	# de pasos	15	667	4.7
Aseguramiento de calidad final	0.005	# de pasos	15	33	4.7
Total				**8482**	**3.9**

Tabla 5.1: Datos de Calidad en la Operación

Para el proceso de desarrollo de software, el Nivel Sigma puede ser determinado al establecer mediciones de desempeño para cada uno de los siguientes pasos:

- Análisis de requerimientos
- Diseño de Software
- Codificación
- Pruebas
- Integración
- Control de Calidad

De forma similar se puede calcular el Nivel Sigma para la operación de un hospital al sumar los DPMO de cada uno de los siguientes procesos:

- Admisión
- Preparación pre-cirugía
- Preparación de cirugía
- Cirugía
- Cuidado post – cirugía
- Seguimiento
- Procesamiento del pago

Fuentes de información

La mayoría de las organizaciones sufren dos tipos de problemas: demasiados datos o datos que no son útiles. Si una serie de datos correctos está disponible, podemos empezar a utilizarla para calcular el DPU por cada paso del proceso; si no existen datos disponibles, siempre se puede estimar el desempeño del proceso, en porcentaje, con base en la experiencia y la retroalimentación de clientes. El rendimiento del proceso se puede convertir en DPU utilizando la siguiente fórmula:

DPU   =   -LN (% Rendimiento / 100)

LN es el logaritmo natural y se puede calcular utilizando la función {=LN (Número)} en MS Excel.

Nivel Sigma Corporativo

Un negocio es una colección de procesos. Al sumar el DPMO de todos los procesos, es posible calcular el DPMO del negocio así como su Nivel Sigma.

Otra forma de determinar el Nivel Sigma Corporativo es utilizando el Índice de Desempeño del Negocio (BPIn). El Nivel Sigma tendrá una mejor correlación con los resultados del negocio si se utiliza el BPIn, ya que el *Six Sigma Scorecard* incluye todos los aspectos del negocio. El DPU corporativo se calcula utilizando la siguiente información:

$$DPU \quad = \quad - LN \, (BPIn \% \, / \, 100)$$

El número de ejecutivos reportando hacia el CEO[12] y COO[13] se consideran como oportunidades de error, dado que todas las decisiones son tomadas por estos ejecutivos. Si surgen problemas u oportunidades, la responsabilidad yace en estos ejecutivos; por lo tanto, el DPMO se puede calcular utilizando la siguiente fórmula:

$$DPMO \quad = \quad \frac{DPU \times 1,000,000}{\text{Número de ejecutivos reportando al CEO ó COO}}$$

Podemos conocer el Nivel Sigma Corporativo al observar los DPMO y utilizar la Tabla 4.5 (Capítulo 4) para su conversión.

Como ejemplo, una organización tiene 15 ejecutivos reportando directamente al CEO y COO, su BPIn actual es 68%. El DPU para esta organización se calcula utilizando la función {- LN (BPIn/100)} en MS Excel.

Entonces,

$$
\begin{aligned}
DPU \quad &= \quad - LN \, (68/100) \\
&= \quad 0.385662 \\
DPMO \quad &= \quad (0.385662 \times 1,000,000) \, / \, 15 \\
&= \quad 25,711 \\
Sigma \quad &= \quad 3.45
\end{aligned}
$$

---

[12]CEO = Chief Executive Officer

[13]COO = Chief Operative Officer

El Nivel Sigma de 3.45 corresponde a un DPMO de 25,711. Así los líderes pueden establecer sus objetivos para mejorar el Nivel Sigma con base anual y dar seguimiento a la implantación de sus iniciativas Seis Sigma.

Asumamos que en este momento se contrata a una persona para implantar Seis sigma, misma que reportará al COO. El BPIn mejora a 81% después de un año; entonces:

$$
\begin{aligned}
\text{DPU}_{(+1\ \text{año})} &= -LN\ (0.81) \\
&= 0.210721 \\
\text{DPMO}_{(+1\ \text{año})} &= (0.210721 \times 1{,}000{,}000)\ /\ 16 \\
&= 13{,}170 \\
\text{Sigma} &= 3.72
\end{aligned}
$$

Los DPMO se han reducido en cerca de un 50 % y el Nivel Sigma Correspondiente ha cambiado de 3.45 a 3.72. Por lo tanto, el DPMO debe continuar disminuyendo para mejorar el Nivel Sigma de acuerdo a los objetivos anuales establecidos.

CAPÍTULO SEIS

SEIS SIGMA E INNOVACIÓN

Seis Sigma significa mejorar sustancialmente en un periodo de tiempo corto. La mejora continua e incremental necesita ser reemplazada por mejora radical o reingeniería continua; la mejora radical se logra a través de innovación, que es un elemento implícito en el enfoque de Seis Sigma pero a menudo ignorado en la metodología.

Las mejoras radicales ahorran mucho tiempo y dinero a las compañías. Romper las reglas a través de la innovación es una forma de lograr mejoras radicales; debido a la falta de un proceso establecido, la innovación hasta hoy no es un elemento incluido en los entrenamientos de Seis Sigma. Esta falta de entrenamiento en innovación se ha vuelto un verdadero reto, debido a que los proyectos se posponen mientras "esperamos a que se nos ilumine el foco". Las compañías que empujan Seis Sigma fuertemente, se mueven al siguiente proyecto después de una mejora del diez por ciento en el proyecto actual. A esto le llamamos saltar los proyectos y perder la oportunidad para desarrollar innovación.

El enfoque, la estrategia y metodología de Seis Sigma suelen ser mal interpretadas, un buen entendimiento de innovación debe ser incorporado al cuerpo de conocimiento de Seis Sigma con el fin de lograr mejoras más rápidas en periodos cortos de tiempo.

La innovación parece estar muy alineada con el enfoque y las expectativas de cualquier programa corporativo de Seis Sigma. Cuando se hace énfasis en la innovación para lograr los resultados de Seis Sigma, se debe considerar la creación de una cultura alrededor de la innovación. El pensamiento innovador se debe volver una parte integral de toda iniciativa Seis Sigma y debe, por lo tanto, estar integrado en su implantación y reconocimiento.

Cada empleado en una organización es capaz de ser innovador. Generar la habilidad de lograr mejoras significativas es una expectativa que los líderes deberían buscar y establecer. La participación intelectual de los empleados debe ser un pilar para los líderes. Todos los buenos líderes ven el potencial en sus empleados y lo explotan como la única forma de alcanzar mejoras sustentables.

Innovación inicia con el involucramiento intelectual de todos los empleados a través de sus ideas; el proceso de obtener las ideas y recomendaciones de los empleados ha existido desde hace mucho tiempo, sin embargo, su implantación exitosa y efectividad está lejos de ser satisfactoria.

Tal como en los procesos de ventas, compras, producción o calidad; la innovación debe ser un estándar en cualquier corporación. El compromiso de los líderes hacia la implantación exitosa del proceso de innovación debe estar presente. Por esto es necesario definir un objetivo de innovación con expectativas claras y recursos, así como indicadores que permitan monitorear el valor de la innovación. Más importante aún, la innovación debe incorporarse en los ejercicios de planeación y presupuesto con el fin de ser visibles para los líderes de la organización.

El primer proceso para crear un pensamiento innovador es establecer un programa de administración para buenas ideas. La administración de ideas es contribuir con el éxito de los empleados a través del éxito de la compañía alcanzando las mejoras definidas. Todos se pueden beneficiar del crecimiento profesional y del incremento de potencial en cada persona.

La falta de un pensamiento innovador a nivel del liderazgo o de los proyectos, es un factor que impide obtener mejoras significativas en los resultados del negocio y el desempeño del proceso. Los líderes efectivos deben poseer las siguientes habilidades para producir mejoras rápidamente:

1. **Administración del Tiempo**: la falta de habilidad para administrar el tiempo detiene la ejecución de cualquier actividad planeada. Los proyectos se retrasan debido a que las personas prefieren trabajar en las actividades convenientes en vez de trabajar en las actividades importantes. Las personas se ven muy ocupadas sin embargo no observan ningún progreso.

2. **Pensamiento de Procesos**: el pensamiento de procesos se relaciona con el modelo de excelencia de las 4-P. La fase Preparar es donde se

identifican las entradas necesarias para desempeñar correctamente el proceso. La etapa Desarrollar es donde se ejecutan los pasos para desempeñar las actividades relacionadas con el proceso. La fase Perfeccionar es donde se comparan las salidas del proceso con el valor objetivo. Finalmente la etapa Progresar involucra un aprendizaje sobre las causas raíz y las desviaciones del objetivo.

3. Pensamiento estadístico: este tipo de pensamiento requiere una comprensión de la variación por causas comunes y especiales. La variación común es incontrolable, mientras que la variación especial se genera debido a una acción específica.

El pensamiento estadístico permite a los líderes tomar decisiones con base en comprender la naturaleza de esta variación.

4. Pensamiento Innovador: el pensamiento innovador implica hacer las cosas de una forma diferente. Con el fin de practicar el pensamiento innovador, se deben poseer conocimientos sobre el proceso, tener la capacidad de experimentar con diferentes posibilidades y ver más allá de lo obvio para crear una solución que genere una mejora radical. Si una organización planea beneficiarse con un programa Seis Sigma de largo plazo, sus líderes deben institucionalizar el pensamiento estadístico a través de la organización.

Innovación y el programa Seis Sigma

El cuerpo de conocimiento actual para un Black Belt no incluye la parte de innovación. La experiencia muestra que sin innovación, las mejoras radicales no pueden ser alcanzadas.

Las herramientas incluidas en la metodología DMAIC (Definir, Medir, Analizar, Mejorar, Controlar) permiten a los practicantes tomar decisiones con base en hechos o identificar las causas de problemas existentes, sin embargo, el practicante de Seis Sigma, debe aplicar cualquiera de estas herramientas de forma creativa para lograr cambios radicales.

Innovación y DMAIC

Al institucionalizar la innovación en los proyectos de Seis Sigma, la innovación se convierte en un principio básico del DMAIC; en otras palabras, los equipos de proyecto deben buscar una solución innovadora inmediatamente, desde la fase Definir.

Este enfoque permite al equipo de proyectos definir el problema con la expectativa de lograr una mejora significativamente innovadora.

La fase Medir permite a los miembros del equipo comprender el proceso a través de diferentes medidas de desempeño utilizando herramientas estadísticas sencillas tal como la media o la desviación estándar. A veces es preferible utilizar una representación gráfica de los datos con el fin de internarse en el problema bajo escenarios "que pasaría si…".

En la etapa Analizar, el pensamiento innovador de raíz puede utilizarse en el análisis causa raíz para identificar causas potenciales más allá de las causas identificadas al inicio. Al identificar estas causas, se pueden utilizar principios como TRIZ, los Seis Sombreros del Pensamiento y Pensamiento Intuitivo. Durante la fase Analizar, el objetivo debe ser definir el dominio total de un problema en término de sus variables, y posteriormente expandir el dominio del problema utilizando el pensamiento innovador.

En la etapa de Mejorar, es deseable experimentar con una combinación de variables que generen un impacto significativo; para desarrollar una solución innovadora es necesario "salir de la caja" y crear soluciones alternativas. "Salir de la caja" significa imaginar un nivel de desempeño cercano al mundo "ideal" o bajo un enfoque totalmente diferente.

La fase de Control puede ayudar a mantener el pensamiento innovador para lograr mejoras radicales de forma continua en procesos o productos.

Incorporando la Innovación

Mientras se prepara el lanzamiento de un programa Seis Sigma, hay que esperar el logro de mejoras significativas en el desempeño a través del pensamiento innovador. El concepto de mejora incremental debe ser eliminado, pues lleva hacia soluciones mediocres y previenen a la gente de alcanzar el potencial completo de su iniciativa.

Los líderes deben identificar y asimilar la innovación dentro de los valores de la compañía, determinando las creencias y tácticas de la organización y creando así un ambiente para la innovación. Los líderes también deben definir la innovación dentro del contexto organizacional y desarrollar una estrategia corporativa para lograr el éxito en innovación.

Sobre todo, los líderes deben establecer expectativas y reconocimientos para los empleados innovadores en todos los niveles. Las estrategias de innovación deben incluir entrenamiento, comunicación de expectativas y objetivos, delimitación de roles de los ejecutivos, gerentes y empleados, administración de la propiedad intelectual y comercialización de los productos o servicios innovadores.

Para iniciarse a sí mismo en términos de la innovación, se pueden tomar los siguientes puntos practicados por la mayor parte de las personas innovadoras:

➢ Una comprensión rápida a nivel sistema que permita acelerar el proceso creativo.

➢ Formas únicas y bien pensadas de traspasar los obstáculos y restricciones.

➢ Habilidad para optimizar una solución mientras se explotan el resto de las contradicciones.

➢ Compromiso para cambiar los paradigmas.

CAPÍTULO SIETE

HACIENDO QUE SEIS SIGMA FUNCIONE

Seis Sigma se percibe como un programa caro con un gran potencial para el retorno de la inversión; sin embargo, existen riesgos asociados con esto: arranques en falso, falta de compromiso y la falta de planeación puede llevar a resultados insatisfactorios. Un programa Seis Sigma requiere el compromiso total para lograr su implantación exitosa; por lo tanto, para disminuir riesgos e incrementar el Retorno en la Inversión, se debe tratar a Seis Sigma como un proceso que requiere ser implantado con el fin de lograr un mejor desempeño, más rápido y con eficiencia de costos.

Usando una aplicación de la Teoría de Restricciones al proceso de Seis Sigma, en la tabla 7.1 se resume un plan de acción para la implantación exitosa de un programa Seis Sigma.

Plan Optimizado para la Implantación de Seis Sigma

El SIPOC (*Supplier*, *Input*, *Process*, *Output*, *Customer*) es una excelente herramienta pare identificar a los diferentes jugadores e información relacionada con la operación de Seis Sigma. SIPOC utiliza las etapas del proceso, entradas y sus fuentes; también identifica las salidas del proceso y su destino con el fin de comprender las entradas del cliente, interfaces e intereses.

SIPOC incorpora un flujo de proceso optimizado para implantar Seis Sigma de una forma eficiente en términos de costos. Los pasos del proceso en la herramienta SIPOC reflejan las modificaciones necesarias para reducir costos y mejorar el desempeño. Por ejemplo, si un CEO se compromete con Seis Sigma, un SIPOC le permite conocer las entradas que requiere para lograr que ese compromiso sea real. De forma similar, la planeación de Seis Sigma incluye entradas necesarias tal como una lista de proyectos priorizada, entrenamiento al equipo ejecutivo, una estrategia para implantar Seis Sigma, recursos para entrenamiento y asesoría de los empleados, mediciones de éxito y una gráfica de los dueños de las iniciativas a través de la organización.

Otra modificación al enfoque de Seis Sigma es implantar un sistema de medición del desempeño corporativo. Un tablero de desempeño efectivo (Vg. el *Six Sigma Scorecard o Balanced Scorecard*) se implanta con entradas tal como las mediciones de desempeño corporativas, mediciones departamentales, revisiones de desempeño frecuentes y una comunicación periódica a todos los involucrados. Un tablero de desempeño bien implantado es un requisito básico para mantener el programa Seis Sigma a través del tiempo; además del tablero, el liderazgo debe mantener el programa con cambios, energía y actividades emocionantes.

Restricciones generales	Plan de acción para lograr los objetivos
Comprensión de los líderes	Comprender los Impulsores, Oportunidades, Tableros de Desempeño, Propuesta de Valor
Tablero de Desempeño	Implantar mediciones departamentales y organizacionales para acelerar el nivel de mejora
Creencias y cultura	Establecer las creencias de la organización y crear una cultura enfocada en el desempeño
Planeación	Establecer objetivos y planear para lograr las mejoras
Comunicación	Comunicar a los accionistas, empleados, clientes y proveedores
Sistema de Desempeño	Establecer un sistema de evaluación del desempeño de los empleados desarrollando la retroalimentación y nuevas habilidades
Reconocimiento	Inspirar a la gente para lograr el éxito a través de reconocimiento constante
Entrenamiento básico	Proveer entrenamiento básico de Seis Sigma
Innovación	Establecer expectativas y un proceso para desarrollar soluciones innovadoras
Entrenamiento de Green Belts	Proveer entrenamiento de Green Belt orientado a proyectos
Ambiente motivacional	Premiar el desempeño superior y motivar el comportamiento positivo y para la toma de riesgos

Tabla 7.1: **Acciones para implantar Seis Sigma**

La tabla 7.2 provee un buen marco para comprender e implantar correctamente un programa Seis Sigma dentro de una organización:

Necesidades de un programa Seis Sigma	Pasos del proceso
Educación de los líderes Impulsores para Seis Sigma Posición de Mercado Análisis de oportunidades en el Mercado Recursos calificados Diagnóstico competitivo y de conocimientos Desempeño corporativo	Comprometerse con Seis Sigma
Persona interna con disponibilidad, entusiasta, líder y con habilidades moderadas en estadística	Crear un líder corporativo para Seis Sigma
Análisis de la oportunidad de negocio	Identificar áreas clave para mejorar las utilidades
Lista priorizada de proyectos Entrenamiento al equipo ejecutivo Estrategia para implantar Seis Sigma Recursos para entrenamiento y asesoría Mediciones de éxito Gráfico de dueños en la organización	Planeación de Seis Sigma
Modelo para medición del desempeño corporativo (Vg. Tablero de Negocio Seis Sigma o Balanced Scorecard) Mediciones departamentales Proceso y frecuencia de las revisiones de desempeño Comunicación del desempeño a los involucrados	Implantar un sistema de medición del desempeño para las iniciativas Seis Sigma
Información sobre compensación competitiva Compromiso para premiar y reconocer la excelencia Compromiso para comunicar las consecuencias de un desempeño pobre Sistema para la revisión del desempeño justo y objetivo	Establecer un sistema de compensación orientado al desempeño de Seis Sigma

Necesidades de un programa Seis Sigma	Pasos del proceso
Comunicación de la visión, valores y objetivos corporativos Entrenamiento en pensamiento estadístico Entrenamiento de conocimientos sobre Seis Sigma Entrenamiento en pensamiento de innovación Entrenamiento en habilidades para la administración del tiempo	Conducir entrenamiento básico para los empleados
Proyectos para mejora Entrenamiento de Green Belt Black Belt experimentado para asesor	Conducir entrenamiento de Seis Sigma orientado a proyectos
Mediciones departamentales Tablero de medición corporativo Resultados financieros	Verificar impacto cuantificable en los resultados de la compañía debido a los proyectos
Implantación exitosa de los proyectos con ahorros significativos Soluciones innovadoras Esfuerzo y resultados extraordinarios Proceso de reconocimiento	Reconocer el éxito
(traer o crear) candidatos calificados para ser Black Belts Asesores de proyectos de los equipos exitosos Lecciones aprendidas	Desarrollar expertos y recursos internos
Nuevos proyectos Equipos de proyecto Expansión de la capacidad de Seis Sigma conforme a las necesidades	Institucionalizar la metodología Seis Sigma
Tablero de desempeño Diagnóstico y renovación continua	Monitorear y mantener las mejoras

Tabla 7.2: Pasos y entradas para el proceso de implantación

Ref: Gupta 2004

Uno de los mayores retos es administrar la inversión en el programa; los líderes deben hacer la inversión correspondiente a la oportunidad de crecimiento y las utilidades. La principal diferencia entre Seis Sigma y otros programas de mejora es que Seis Sigma se utiliza para lograr la excelencia global y mejorar los resultados del negocio.

Con un entendimiento claro de la oportunidad, el equipo ejecutivo debe establecer claramente sus necesidades y objetivos. Si una compañía decide mejorar las finanzas, el objetivo debe ser acorde a esto; si la meta es reducir el desperdicio a través de mejorar los procesos, el objetivo debe fijarse para lograr un Nivel Sigma de desempeño adecuado para cada proceso.

Debido a la falta de recursos internos al inicio, las compañías no son capaces de tomar una decisión firme y comprometerse con un programa como Seis Sigma. Al utilizar apoyo externo de forma eficiente, se pueden reducir los riesgos de inicio, prevenir un arranque en falso y desarrollar una visión y plan estratégico para el programa. Un líder de proyecto (patrocinador) y un Black Belt son designados para liderar el esfuerzo, desarrollar un modelo de negocio, identificar flujos de crecimiento y utilidades, y crear una lista de oportunidades de mejora. Estas oportunidades son priorizadas con base en el retorno de la inversión y se utilizan para definir los proyectos Seis Sigma.

Lanzando Seis Sigma

La ecuación para el éxito es sencilla: los líderes deben inspirar la mejora de tal forma que los resultados en ahorros sean suficientes como para compartirlos con todos los involucrados, incluyendo los empleados en general. Esto requiere que el equipo de liderazgo genere una oportunidad para esta mejora e invierta recursos en la planeación del programa.

Los líderes de la compañía también deben investigar oportunidades de crecimiento a través de nuevos productos innovadores.

Lanzar un programa de Seis Sigma sin involucrar a los empleados es como manejar un auto con las llantas desinfladas. Cuando los miembros de la alta gerencia implantan una nueva metodología, tienen que trabajar con la resistencia al cambio en la compañía, decir a los empleados que hagan la cosas de cierta forma, entrenar a una gran cantidad de personas, establecer objetivos y asumir que los empleados van a producir resultados con el fin de mantener su trabajo.

Para generar ahorros significativos a través de un programa Seis Sigma, el uso de técnicas estadísticas no es la clave del éxito, en vez de eso, el reto, el apoyo, crear responsabilidad, premios y un seguimiento a los empleados será la inspiración para el éxito. Utilizar un lenguaje común, demandar resultados y compartir las historias de éxito ayudan para la implantación exitosa del programa.

Manteniendo Seis Sigma

Para mantener un programa de Seis Sigma, la organización debe crear una cultura que aliente la pasión por la excelencia, motive a los empleados en la búsqueda de mejoras radicales de forma continua y comprometa a los líderes para escuchar a los empleados. En la era del conocimiento en la que vivimos actualmente, donde se produce información de forma continua y se espera una mejora perpetua del desempeño, la innovación es la clave. Esto significa "pensar y hacerlo diferente".

Los experimentos muestran que pensar requiere tiempo; obtener las ideas de los empleados en una forma regular requiere un proceso formal para la administración de ideas; por lo tanto, los negocios deben implantar un proceso para la administración de ideas e impulsar la innovación para lograr mejoras drásticas de forma continua.

Más importante aún, los líderes deben brindar tiempo a los empleados para pensar en vez de mantenerlos siempre ocupados con algo.

A veces los empleados que están pensando parece que no están trabajando, sin embargo, este tipo de cosas deben aceptarse mientras los índices de desempeño se estén moviendo en la dirección correcta y el negocio este logrando sus objetivos. Permitir que los empleados se diviertan es una forma de alentarlos para pensar "fuera de la caja" y desarrollar soluciones innovadoras para las mejoras radicales.

Seis Sigma, Pensamiento esbelto (Lean), *Scorecards*, Innovación, CMMI, ITIL, ISO 14001 o ISO 9001 no deben verse como programas separados. Se debe utilizar un enfoque integral para la implantación efectiva de estos programas debido a los recursos limitados. El Pensamiento esbelto afecta la eficiencia, Seis Sigma influye en la mejora del desempeño, la Innovación está diseñada para nuevas soluciones, los *Scorecards* se utilizan para definir el uso adecuado de diferentes recursos (incluyendo estas metodologías), y finalmente ISO 9001 mantiene el uso de todas estas metodologías.

El sistema ISO 9001 se puede utilizar para cultivar el pensamiento de procesos integrando una proporción correcta de Seis Sigma, Pensamiento Esbelto, Innovación y *Scorecards*. En otras palabras, no tome la opinión de un experto como la única verdad para su negocio, en vez de esto, desarrolle su propia receta sobre Seis Sigma, Pensamiento Esbelto, Innovación y *Scorecards* en su programa corporativo.

Listos para iniciar

Al considerar la implantación de Seis Sigma, los líderes deben ponderar sus beneficios y limitaciones, considerando también el impacto en su vida personal. La tabla 7.3 permite aclarar algunos problemas con el fin de obtener un compromiso real con Seis Sigma.

Punto #	Consideración de Seis Sigma	Si / No
1	Intención de mejorar radicalmente	
2	Impacto en la organización	
3	Requerimientos de recursos	
4	Nivel de mejora requerido (> 60 % / reducción anual de desperdicio)	
5	Herramientas clave	
6	Propuesta de valor	
7	Creencias personales	

Tabla 7.3: Diagnóstico de preparación para los líderes

Además de los líderes, también se puede diagnosticar la preparación de la organización utilizando la tabla 7.4.

Punto #	Consideración de Seis Sigma	Si / No
1	Desempeño marginal del negocio	
2	Incapaz de solucionar las peticiones de clientes	
3	Demasiadas quejas de clientes	
4	Área de calidad relativamente grande	
5	Reconocimiento / crecimiento limitado para los empleados	
6	Mejora insignificante o ninguna en los últimos 12–36 meses	
7	Perdiendo mercado o sin crecimiento de las utilidades	

Tabla 7.4: Diagnóstico de preparación de la Organización

Si alguno de los puntos en la tabla 7.4 indica oportunidad de mejora, un programa Seis Sigma puede ayudar a la organización para alcanzar su potencial y crear productos de clase mundial o servicios con alto nivel de utilidades.

CONCLUSIONES

¿Porque buscar Seis Sigma sin estadística? Muchos programas Seis Sigma están mal orientados debido a un enfoque muy fuerte en la estadística y en la realidad pocas mejoras. Seis Sigma suena naturalmente a estadística, sin embargo, en la realidad es un programa estratégico con un toque de estadística.

Seis Sigma está diseñado para acelerar las mejoras utilizando un enfoque integrado y comprensivo, con una amplia serie de herramientas de las cuales el 80 % no son estadísticas y sólo el 20 % es estadística. La verdadera mejora proviene de algunas cuantas herramientas y no de todas ellas. La siguiente gráfica demuestra el rol de la estadística en la mejora de procesos. El conocimiento práctico consiste en un conocimiento extenso del proceso apoyado por el pensamiento estadístico. La figura en la siguiente página muestra que para resolver problemas, se debe tener suficiente conocimiento de procesos y un poco de conocimiento de estadística, como se muestra en la figura bajo el Dominio de Seis Sigma sin estadística. Solamente en circunstancias muy específicas se requiere un conocimiento significativo de estadística.

El aspecto más importante de Seis Sigma es su habilidad de canalizar la energía corporativa para crear valor y comprometer intelectualmente a los empleados a través del reto para mejorar radicalmente. Esperar soluciones innovadoras llevará a los empleados a convertirse en personas innovadoras. Las organizaciones reclutan a personas con muchos conocimientos pero a menudo suelen ser incapaces de explotar estos conocimientos, lo que es un gran desperdicio.

Nosotros creemos que este libro ayudará al lector a implantar un programa de Seis Sigma sin temor a la estadística, así como para reenfocar la energía para lograr el objetivo de Seis Sigma, que es una gran cantidad de mejoras de forma muy rápida.

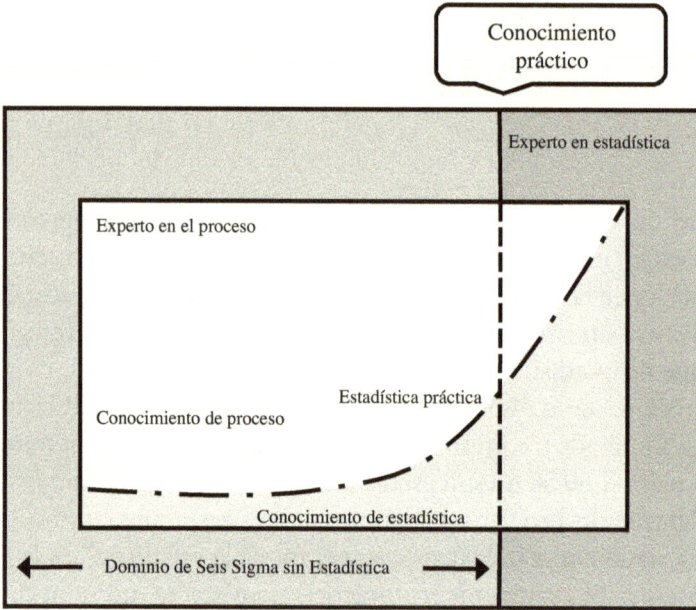

Conocimiento práctico sde Seis Sigma

BIBLIOGRAFÍA

1. Gupta, Praveen, Six Sigma Business Scorecard: A Comprehensive Corporate Performance Scorecard, McGraw-Hill, NY 2004

2. Gupta, Praveen (2004). The Six Sigma Performance Handbook, McGraw-Hill, NY 2004

3. Gupta, Praveen, Business Innovation in the 21st Century, BookSurge, SC, 2007

4. Harry, M, and Schroeder, R., Six Sigma: The Breakthrough Management Strategy Revolutionizing the World's Top Corporations, Currency and Doubleday, NY, 2000

5. Our Six Sigma Challenge, Motorola, Inc., Issue 3

6. Smith, Bill, The Motorola Story, Motorola, Inc. 1989

7. Therrien, Lois, "The Rival Japan Respects," BusinessWeek, November 1989,

8. Weisz, Bill, "What is Six Sigma: The Video Tape Message," Motorola, Inc. June 1997

9. Wiggenhorn, W. (1990), "Motorola U: When Training Becomes an Education," Harvard Business Review July-August 1990

UNA NOTA DEL EDITOR

Accelper Consulting ha desarrollado cuatro nuevas metodologías de mejora con base en nuestros 25 años de experiencia con corporaciones de diferentes tamaños e industrias. Los cuatro métodos que hemos desarrollado son los siguientes:

1. Metodología Simplificada de Seis Sigma
2. Scorecard para Negocios
3. Modelo de Excelencia en Procesos 4-P
4. Metodología para la Innovación Radical

Si quiere acelerar su nivel de mejora y lograr un crecimiento de las utilidades sustentable, Accelper Consulting le puede ayudar con las siguientes capacidades:

Analizar sus necesidades: Expertos de Accelper visitarán sus operaciones, conocerán a ejecutivos y empleados, obtendrán datos para comprender los verdaderos problemas de desempeño y proveerán una serie de recomendaciones.

Apoyar sus programas de mejora en el desempeño: Accelper ofrece entrenamiento práctico de Seis Sigma e Innovación para todos los niveles y servicios de consultoría para apoyar los objetivos de su negocio.

Respuesta a sus preguntas: si tiene alguna pregunta acerca de Seis Sigma o Innovación, y/o nuestro enfoque hacia la mejora del desempeño; favor de llamarnos al **1-(408) 429-9782**, o puede contactarnos por email a info@accelper.com

NOTES

NOTES

NOTES

NOTES

NOTES